Eugen Drewermann

Zeiten der Liebe

HERDER / SPEKTRUM

Band 4091

Das Buch

Wer liebt, berührt die Unendlichkeit. Und dennoch leiden Menschen unter Angst und Hoffnungslosigkeit. Sensibel zu werden für das Geheimnis der anderen und für die eigenen verborgenen Sehnsüchte, die Schatten zu vertreiben, die das Leben oft verdunkeln, dazu gibt Eugen Drewermann immer wieder Hinweise, die den Kern heutiger Fragen treffen. Wie kann Liebe gelingen? Der erfahrene Therapeut weiß um ihre Fehlformen, die Leid verursachen. Beziehung aus Angst und Besitzen-Wollen, so Eugen Drewermann, wirkt zerstörerisch: sowohl zwischen zwei Menschen als auch in Institutionen und der Gesellschaft. Eugen Drewermann zeigt Möglichkeiten, Wege einer reifen Beziehung zu anderen Menschen zu finden. Dies ist möglich, wenn Menschen sich getragen wissen von einem größeren Geheimnis, das letztlich erst die Liebe ermöglicht. Er ist überzeugt: Angst und Zerstörung brauchen nicht das letzte Wort zu haben, wenn wir uns immer wieder einüben in ein Leben der Liebe.

Der Autor

Eugen Drewermann, geboren 1940 in Bergkamen, Studium der Philosophie, Theologie und Psychoanalyse, Dr. theol. Über 30 Buchpublikationen. Bei Herder: Worte für ein unentdecktes Land. In Herder/Spektrum: Die Spirale der Angst. Der Krieg und das Christentum (4003); Der tödliche Fortschritt. Von der Zerstörung der Erde und des Menschen im Erbe des Christentums (4032); Das Eigentliche ist unsichtbar. Der Kleine Prinz tiefenpsychologisch gedeutet (4068); Dein Name ist wie der Geschmack des Lebens. Tiefenpsychologische Deutung der Kindheitsgeschichte nach dem Lukasevangelium (4113); in Vorbereitung: Der gefahrvolle Weg der Erlösung. Die Tobit-Legende tiefenpsychologisch gedeutet (4165).

Die Herausgeberin:

Karin Walter, geboren 1957, Dr. phil., Herausgeberin der Reihe frauenforum, Verlagslektorin.

Eugen Drewermann

Zeiten der Liebe

Herausgegeben von Karin Walter

Herder

Freiburg · Basel · Wien

Originalausgabe

2. Auflage

Alle Rechte vorbehalten – Printed in Germany
© für diese Ausgabe Verlag Herder 1992
Herstellung: Freiburger Graphische Betriebe 1992
Umschlaggestaltung: Joseph Pölzelbauer
Umschlagmotiv: Giovanni Segantini, L'amore alla fonte della vita 1896,
Galleria d'Arte Moderna, Mailand
ISBN 3-451-04091-3

Inhalt

Einleitung

von Karin Walter

*L*iebe ist zum Leben so notwendig wie die Luft. Und doch scheitern Liebende immer wieder. Das ist eine Erfahrung, die viele Menschen machen. Ist dies nun einmal die traurige Wirklichkeit? Wie ist mit einer solchen Erfahrung aber umzugehen, welche Konsequenzen sind daraus zu ziehen? Eugen Drewermann kreist in seinen Texten immer wieder um dieses Problem. Und immer wieder weist er darauf hin, daß trotz aller Erfahrung des Scheiterns nicht das Mißlingen, sondern die Liebe das letzte Wort haben sollte.

Um Vertrauen in die Kraft der Liebe fassen zu können, darf man jedoch nicht realitätsblind sein: Es ist notwendig, um das Mißlingen und die Möglichkeit des Scheiterns zu wissen. Man muß Mechanismen, die der Liebe Gewalt antun, kennen – und sie benennen, auch wenn die Wahrheit schmerzt. Und Drewermann weist immer wieder darauf hin, wie Machtansprüche – von einzelnen oder von Institutionen – die Fähigkeit zu lieben ersticken: Sowohl in denjenigen, die die „Täter" sind als auch in denjenigen, die die „Opfer" sind.

Gegen solche Mechanismen hilft als kritische Gegen-Kraft nur die starke Fähigkeit zu lieben. Eugen Drewermanns Entwurf solcher wirksamen Liebe ist begründet in seiner Überzeugung, daß Liebe eine unmittelbare Wahrheit vermittelt, daß Liebesfähigkeit unmittelbar wahrhaftig wirkt. Dieses kritische Prinzip wendet er immer wieder, auch gegenüber der Institution der Katholischen Kirche, an, um zu zeigen, was verändert werden muß.

Die Wahrheit der Liebe ist für Drewermann evident durch eine Erfahrung, die jeder Mensch machen kann, sofern er sich ihr öffnet: durch die Gotteserfahrung. Im Zentrum seines Denkens steht demnach zwar vor allem der einzelne Mensch, derjenige, der solche Erfahrung machen, der also Transzendenz erleben kann – Institutionen können dies nicht. Und doch ist Drewermanns Parteinahme für das Individuum kein bloßer Individualismus, denn sie hat ihren Grund in diesem Glauben an Gott. Nicht zufällig ist Drewermann Psychoanalytiker *und* Theologe. Seine Überzeugung ist es, daß die Psychologie sich selbst überfordert, wenn sie den Menschen in seiner individuellen Einsamkeit läßt, und daß die Theologie nicht auskommt, wenn sie nicht weiß von der menschlichen Seele und ihren Verstörungen. So weist denn auch sein Verständnis von Liebe notwendig, weit über die nächste Person hinaus, auf Gott. Er ist für Drewermann der Garant für das Gelingen der Liebe, nur so kann der einzelne sich davor schützen, den anderen mit seiner Liebe und seinem Liebesverlangen zu überfordern.

Die Unmittelbarkeit in der Erfahrung der Liebe fordert heraus. Liebe stellt kritisch jede Praxis in Frage, die sich ihr entgegenstellt. Wenn Drewermann auf die Wirklichkeit schaut, der viele Menschen ausgesetzt sind und unter der viele leiden, so ist er in seinen Unterscheidungen und Parteinahmen immer scharf und eindeutig: Im Zweifel muß die Entscheidung immer für die Liebe fallen und für den Menschen, der sich ihr stellt. Und im Zweifel muß man sich immer gegen die Einschränkungen wenden, die die Entfaltung und Reifung der Persönlichkeit hemmen.

Solche ernste Entschiedenheit wendet sich gegen vieles, was uns gewohnt ist: Vieles im Zusammenleben nehmen wir einfach hin, obwohl wir wissen, daß wir selber oder auch andere Menschen darunter leiden. Aber um welchen Preis?

Eugen Drewermann macht in seinen Texten über die Liebe auch sehr deutlich, welche „anarchische" Kraft die Liebe entfalten kann. Aber da, wo Liebe durch rechtliche oder soziale Normen so reglementiert ist, daß sie nicht reifen kann, bleibt die Persönlichkeit verkümmert. Hier erweisen sich die Grenzen aller normativen Setzungen: Sie können letztlich die vielschichtige Wirklichkeit des Menschen, die ja auch von solch wahrhaften Gefühlen bestimmt ist, nicht fassen.

Drewermann fordert also dazu heraus, auch scheinbar gut Funktionierendes neu zu sehen – und zwar aus der Perspektive derjenigen, die unter dem scheinbar gut Funktionierenden leiden – und das sind immer die einzelnen Menschen, nie eine soziale Institution.

Die kritische Kraft der Liebe ist nach Drewermann das letztgültige Unterscheidungskriterium: Ihr muß sich jeder Mensch, der in Beziehung zu anderen Menschen tritt, stellen. Wenn man dies im Blick hat, dann ist auch verstehbar, daß Eugen Drewermann alle Praxis, die eben nicht zunächst die in Gott gründende Liebe im Blick hat, kritisieren muß: Solche Kritik nimmt keine soziale Wirklichkeit aus, sie reicht von den familiären Situationen, in denen Mütter ihre Kinder nicht loslassen, bis zu den machtorientierten gesellschaftlichen politischen Zuständen. Sie bezieht sich besonders auf die – nach eigenem Selbstverständnis als Liebesordnung begriffenen –

kirchlich-institutionellen Zusammenhänge, insofern sie der Reifung des Einzelnen, der Liebesfähigkeit des einzelnen keinen Raum lassen.

Zeiten der Liebe – davon träumt der Traum von der anarchischen Kraft einer nicht an der Macht über andere orientierten Beziehung. Das sind nicht die Zeiten, die wir gewohnt sind. Es sind Zeiten, in denen Wärme, Menschlichkeit, Vertrauen, Barmherzigkeit, Zärtlichkeit, diese Beiwörter der Liebe, wieder großgeschrieben werden. Sie bezeichnen offensichtlich etwas, was nach der Erfahrung vieler in einer stark und einseitig auf das Funktionieren ausgerichteten Gesellschaft vermißt wird.

Drewermann fordert dazu auf, Mut zu fassen, er mutet zu, einen radikal neuen Weg einzuschlagen und sich unerschrocken von dem abzuwenden, was Leben und Liebe einengt und oft genug gnadenlos erstickt. Aber nach welchem Maß?

Richtmaß ist die Menschlichkeit – so mahnt Drewermann angesichts einer Praxis, die den konkreten einzelnen Menschen mit seinen Bedürfnissen, Problemen, Hoffnungen nicht mehr wirklich zu sehen vermag. Solches Absehen vom einzelnen führt dazu, daß das Gegenbild der Liebe das Leben vieler Menschen bestimmt, die Angst. Viele fühlen sich ausgeliefert an Personen oder Institutionen, die ihnen es – ob gewollt oder ungewollt – schwer machen, zu reifen.

Drewermanns Texte zeigen eindrucksvoll, welche Chance es gibt, nicht bei der Angst stehen zu bleiben. Seine Evangelienauslegungen und Predigten, seine Reflexionen über die Moraltheologie, seine Märchendeutungen sind umgetrieben vom Nachdenken darüber, wie die Spirale der Angst überwunden werden kann. Das heißt aber auch, daß er sehr deutlich auch die Funktionsweisen der Angst und ihre Variationen aufzeigt. Die vorliegende Auswahl zeigt deshalb, wie die Schattenseite der Macht wirkt, welche dramatische und für die spätere Zukunft bestimmende Zeit die Zeit der Kindheit ist, wie notwendig es ist, der zerstörenden Kraft der Angst in Reifungsschritten zu begegnen. Drewermann weiß sehr genau, daß keine von Angst und untergründigem Machtstreben bestimmte Beziehung in der Partnerschaft, zwischen Eltern und Kindern, in der Politik, ja in jedem sozialen Zusammenhang, eine gelingende Beziehung sein kann. Auch wenn ausgesprochene oder auch unausgesprochene Normen vorschreiben, eine solche Beziehung weiterzuführen, sie nicht zu verändern oder gar zu beenden, heißt es nicht, daß dies gut und richtig ist: Drewermann macht Mut, sich dagegen zu wenden, was Menschen in Angst hält. Positiv gesagt heißt dies: Mut zu lieben.

Wenn Drewermann von gelungener Liebe spricht, so spricht er als Psychologe und als Theologe: Er ist überzeugt, daß Heilung von seelischen Verletzungen, daß die Schritte in eine menschenwürdige Zukunft, die friedvoll ist und den Menschen auch mit der Natur versöhnt, nur möglich sind, wenn jeder Schritt gegründet ist in das Vertrauen zu Gott. Sein Sprechen ist ohne den christlichen Hintergrund, ohne die theologische Grundüberzeugung nicht zu verstehen: Jedes Leben ist verdanktes Leben. Auch da, wo er zu radikalem Umdenken gegenüber der Natur auffordert, auch da, wo er den sozialen und politischen Frieden einklagt gegen die Gewalt, auch da, wo er sein Denken in die Sphäre des Politischen hineinragen läßt, ist seine Rede entschieden religiös – trotz und in aller Kirchenkritik. Denn genauso wie er gegen die Angst die Liebe setzt, genauso wendet er sich dagegen, daß die Erfahrung einschränkender Normen das letzte Wort haben sollte. Sowohl in seinen Auslegungen der Evangelien als auch in seinen grundsätzlichen Überlegungen zum Verhältnis von Theologie und Psychologie bleibt er an den Erfahrungshorizonten, an den Lebensgeschichten der Menschen orientiert: Aus diesem ganz konkreten Wirklichkeitsbezug ist nicht zuletzt sein großer Erfolg zu erklären in einer Gesellschaft, die scheinbar achristlich und religiös indifferent geworden ist. Die hier vorliegenden Texte greifen also auch da, wo sie um ganz alltägliche Erfahrungen kreisen, in die Dimension des Religiösen aus.

Jeder und jede Liebende kann davon erzählen: Zeiten der Liebe sind erfüllte Zeiten. Zeiten der Liebe, das meint bei Drewermann nicht nur, die Zeit zu nutzen, sie nicht mit Unwesentlichem zu verspielen. Es heißt auch: die Zeit selbst zu überschreiten. Die Verbindung mit dem tragenden Grund aller Wirklichkeit ist es nämlich, die sowohl die Liebe gelingen läßt als auch die Gewißheit vermittelt, daß die Liebe unbegrenzt ist: Auch der Tod kann ihr nichts anhaben, sie reicht in die Unendlichkeit hinein. Diese Erfahrung, die Drewermann bei allen großen Liebenden ausmacht, die er als Grundbestand der Menschheitsgeschichte beschreibt und die für ihn in der Weltsicht der Schamanen, der Märchen, in großer literarischer Fiktion, in religiösen Weltdeutungen anderer Kulturen und vor allem in den Evangelien aufleuchtet, ist verortet in einer Realitätserfahrung, die gleichzeitig Transzendenzerfahrung ist.

Wenn nun solchermaßen die Liebe selbst beim Wort genommen wird, wenn man ihre Bilder und ihre Zielrichtung ernst nimmt, dann ist es notwendig, eine neue Sprache zu finden, die jenseits aller Funktionalität liegt, die die Verbindung des einzelnen Menschen mit der *gan-*

zen Wirklichkeit erfaßt, die die Sensibilität und Wahr-
nehmungsfähigkeit zum Ausdruck bringt, die Liebende
füreinander entwickeln. Ein solches bildhaft-poetisches,
ja emphatisches Sprechen, das den Reichtum des Lebens
in seiner Gesamtheit wahrnehmen und wahrhaben will,
nimmt Drewermann fast modellhaft als Gegengewicht
zu einer Sprache, die Gefühle nicht mehr äußern kann,
die sich hinter Worten und Formeln, hinter „Plappern"
verbirgt.

Liebe, und tu, was du willst – ein solches Vertrauen,
daß die Kraft der Liebe sich den rechten Weg bahnen
wird, greift in alle Lebensbereiche aus. Liebe wäre das
Modell dafür, wie einzelne Menschen miteinander umgehen sollten, aber auch dafür, wie größere soziale Zusammenhänge, politische, kirchliche, gesellschaftliche
Institutionen, sich bestimmen und neu entwerfen lassen
sollten.

Die vorliegende Auswahl von Texten Eugen Drewermanns will ein ganz zentrales Motiv seines Denkens zum
Ausdruck bringen: daß in der Liebe ganz alltäglich und
immer wieder eine Erfahrung gemacht wird, die eine positive Kraft der Veränderung für alle Bereiche unseres Lebens in sich trägt.

Mein Dank gilt Eugen Drewermann, der der vorliegenden Auswahl zugestimmt hat.

Die Spirale der Angst durchbrechen

Die Angst vor der Liebe

Nichts, wenn wir die Art unseres Zusammenlebens betrachten, scheint uns soviel Angst zu machen wie die Liebe. Sie macht uns verletzbar, sie macht uns enttäuschbar, sie zeigt uns schwach, bedürftig, in gewissem Sinne abhängig und nackt. Wir haben keine Angst, einander bloßzustellen, einander zu demütigen, einander zu erniedrigen. Selbst die Angst vor der Sexualität haben wir in den letzten zwanzig Jahren tapfer bekämpft. Aber es ist, als wenn bei all dem unsere Seele sich nur noch mehr aus dem Körper zurückgezogen hätte. Die Aufspaltungen haben eher zugenommen, und unsere persönlichen Gefühle von Zuneigung und Zärtlichkeit haben sich in scheue Tiere verwandelt, die sich nur noch bei Nacht im Mondenschein auf die Lichtung des Lebens getrauen.

Wissen wirklich nur noch die Märchen, daß einzig die Liebe die Kraft besitzt, glücklich zu machen? Auf den starken Schwingen des Gefühls trägt sie uns über Berge und Meere in ein jenseitiges Land voller Zauber und Träume. Sie lehrt uns, die Welt als ein verborgenes Kraftfeld der Sehnsucht zu entdecken, voller magischer Wege, verwunschener Schlösser, geheimnisvoller Landschaften. Sie macht aus der Seele des anderen ein Zauberreich voller Symbole und Verweisungen, und jedes seiner Wörter, das wir richtig verstehen, ist wie der Wegweiser, ein Terrain zu betreten, das uns völlig unentdeckt und geheimnisvoll zu Füßen liegt. Die Liebe lehrt uns, die Zeit in einen heiligen Rhythmus von Erwartung und Erfüllung einzuteilen. Sie macht uns zu Teilhabern der verschwiegenen Poesie der Welt.

Wege in ein unentdecktes Land, 28 f.

Die Träume sind nicht auszurotten

Soll es immer nur in den Märchen wahr sein, daß die Liebe stärker ist als die Angst und die Menschlichkeit mächtiger als der Zwang der Umstände und der Gesetze? Um ein Märchen auszulegen, muß man wenigstens ein wenig daran glauben, daß das Leben selber märchenhaft sein kann. Trotz aller Enttäuschungen, Entmutigungen und Zweifel sind doch die Träume nicht auszurotten, die in den Märchen Gestalt gewinnen; und wenn man die Märchen schon bevorzugt den Kindern erzählt, so doch wohl auch deshalb, weil ein jedes Kind, das zur Welt kommt, in gewissem Sinne ein Recht darauf hat, so glücklich zu werden, wie die Märchen das traumhafte Glück der Liebe erträumen. Die kluge Else / Rapunzel, 8

Das größte Geheimnis des Menschen

Offenbar liegen in der Seele eines jeden Menschen gewisse Gefühle, Bilder und Vorstellungen verborgen, die entgegen allen Widerständen nur darauf warten, geweckt zu werden. Was an Verlangen nach Freiheit, Glück und Liebe einem jeden Menschen wesenhaft mit auf den Lebensweg gegeben wird, läßt sich vielleicht recht weitgehend unterdrücken, ganz sicher aber niemals völlig ausrotten. Man mag den Drang nach Freiheit anarchisch, die Erwartung nach Glück egoistisch, die Sehnsucht nach Liebe amoralisch nennen – man kann es verbieten, aber man kann es nicht verhindern, daß Menschen sehr wohl wissen, daß sie überhaupt nur dafür leben, sich frei zu entfalten, glücklich zu blühen und in Liebe zu reifen. Wenn man nicht glauben könnte, daß die Liebe stärker ist als die Angst, die Freiheit mächtiger als der Zwang, das Glück menschlicher als das Opfer, wozu lohnte es dann noch zu leben? Das wohl größte Geheimnis des Menschen besteht darin, daß er selbst inmitten der Verzweiflung, wenn er im Dunkel seiner Seelenumdüsterung oft nicht einmal mehr seine eigene Hand vor Augen sehen kann, gleichwohl ein bestimmtes Wissen um die beseligende Kraft der Liebe besitzt und auf eine gewisse visionäre Vorstellung von der Form seines Glücks niemals gänzlich verzichten kann. Die kluge Else / Rapunzel, 92

Man hat uns das Entsetzen abgewöhnt

Vieles von unserer ursprünglichen Wahrheit hat man uns abgewöhnt auf dem langen Weg der Erziehung, der uns aus Kindern zu „Erwachsenen" gemacht hat. Man hat uns das Entsetzen abgewöhnt, das uns überfällt, wenn wir sehen, wie ein Tier gequält, eine Blume zerstört, ein Mensch geschunden wird. Man hat uns Gründe gelehrt, warum immer wieder sich die Schatten der Traurigkeit, des Schmerzes und der Wehmut über Menschenschicksale legen *müssen*, vermeintlich; man hat uns allein schon durch die Macht der Gewöhnung förmlich gezwungen, diese Gründe zu akzeptieren, die gewisse Scheußlichkeiten des Alltags „erklären", und die Normen zu befolgen, die uns befehlen, ein ähnliches Handeln als eigene Pflicht zu exekutieren. Man hat uns beigebracht, was es heißt, „realistisch" zu sein und „Vernunft" anzunehmen, und was man lernen muß, damit man tüchtig genug wird, um den Lebenskampf entsprechend den Spielregeln der Gesellschaft erfolgreich zu bestehen. Doch am meisten bei all dem hat man uns

gelehrt, Gott aus den Augen zu verlieren und einen Götzen von Gott an seine Stelle zu rücken: vor allem in Gestalt der Angst vor den anderen Menschen – einen
menschenfressenden, blutgierigen Moloch, ähnlich dem
Gott der Kanaanäer. Es gibt viele Weisen, diesem grausamen Götzen zu opfern: die Weise zum Beispiel, die uns
zwingt, wie stachelbewehrte Geldbeutel über diesen Glo-
bus zu laufen; oder die Weise, die uns nötigt, mit Schu-
hen, die wie Messer sind, aufeinander herumzutram-
peln; oder eine dritte, die aus uns ewig klappernde
Windmühlen macht, die alles rings um uns her, was leben möchte, mit ihrem Gerede in Eis und Kälte verwandeln. Und immer sind wir und haben wir fertig zu sein,
und so machen wir jeden fertig, der noch nicht „fertig"
genug ist.   Das Markusevangelium, 1. Teil, 535 f.

Sicherungen der Angst

Religiös betrachtet, ist das „Kind" die Chiffre für ein
Leben, das von einem unbeirrbaren Vertrauen in die
Güte des Weltenhintergrunds getragen wird und deshalb
der Angstsicherungen nicht bedarf, die das Leben der „Erwachsenen" von Grund auf formen und deformieren.

Solange ein Mensch Angst hat, wird er sich fürchten,
„klein" zu sein; die Angst wird ihn vorwärtspeitschen,
größer und immer „erwachsener" zu werden, bis er seinem eigenen Maß vollends entwächst und in wörtlichem
Sinne „böse" wird, aufgeblasen und unwirklich hinter
der Als-ob-Fassade nicht endender Scheinfertigkeiten
und Scheinfähigkeiten. „Ihr könnt mit all euren angster-
füllten Anstrengungen das Maß eures Lebens doch nicht
auch nur um eine einzige Elle vergrößern", meint Jesus

20

begütigend und beschwörend in der „Bergpredigt" (Mt 6,27); aber es ist in der Angst nicht möglich, diese Wahrheit zu leben. Ein „Kind" ist ein Mensch, der gelernt hat, der Scheinwelt der ausgewachsenen Ängste der „Großen", der Großtuer und Großsprecher, der chronisch geängstigten Angstverbreiter zu entsagen und in gewissem Sinne das Leben noch einmal von vorn zu beginnen: mit dem unverbrüchlichen Mut zur Wahrheit – auf ihr allein ruht der Segen Gottes für den, der sie annimmt (Mt 5,3) – und zudem mit einer nicht endenden Sehnsucht nach einer Welt, die sanftmütiger, barmherziger, friedfertiger und insgesamt gerechter ist (Mt 5,5–9). Ein solches „Kind" wird sich von der Macht, der Ruhmsucht, der Karriere und dem Geld der „großen" Leute nicht blenden lassen, weil es weiß, daß alles, was menschlich wahr ist und dem Frieden dient, nur den „Kleinen" einsichtig und zugänglich sein kann (Mt 11,25). Dieses Gefühl des Vertrauens ermöglicht eine grenzenlose Offenheit. Die in der Welt der „Erwachsenen" so wichtigen *moralischen Unterschiede* zwischen Gut und Böse etwa gelten nicht für jemanden, der um die scheinbare Allmacht der Angst und der Einsamkeit weiß und der zuinnerst fühlt, daß er nur gut zu sein vermag in dem Geschenk und in dem Glück der Liebe. So hört man Jesus im Neuen Testament sagen, daß Gott die Sonne aufgehen und es regnen läßt, über Gerechte und Ungerechte (Mt 6,45) – er, der Unendliche, muß sich gleich tief herabbeugen zu allen Menschen, zu den Hohen wie den Niedrigen, und ein jeder lebt allein aus seiner Gnade.

Ein solches „Kind" wie Jesus etwa konnte an einem Morgen auf dem Tempelplatz in Jerusalem das Wunder wirken, daß eine Gruppe von Menschen, die in einem Fall von Ehebruch mit Steinen in der Hand schon zu der gesetzlich verordneten Lynchjustiz an einem 12jährigen Mädchen bereit standen, einen Moment lang den Dünkel der Gerechtigkeit aufgaben, mit dem Verurteilen innehielten und in das eigene Herz zuschauen wagten". Im gleichen Sinne beschrieb FEDOR M. DOSTOJEWSKI in der Gestalt des Fürsten Myschkin ein solches wunderbares Kind, das fernab von den Verurteilungen und den Vorurteilen der anderen in einem Dorf in der Schweiz sich der geschändeten, verfemten und sterbenskranken Marie annahm und alle Kinder des Ortes, die ursprünglich, wie die Erwachsenen, das Mädchen verspotteten und sogar nach ihm mit Steinen warfen, eine unmittelbare Güte und ein grenzenloses Verstehen lehrte. Die Liebe solcher „Kinder" ist universell – sie schließt nichts aus, was der Hilfe bedarf, gleich ob Mensch oder Tier, Hoch oder Niedrig.

Für die „Erwachsenen" sind die *sozialen Unterschiede* überaus wichtig, und es kommt ihnen mehr als alles sonst darauf an, was für ein Haus jemand gebaut hat, was für ein Auto er fährt und ob er weiß, welch ein Besteck man verwendet, um Fisch oder Hummer zu essen. Einem solchen „Kind", wie Jesus es war, kam es nicht darauf an, ob seine Jünger sich die Hände vor oder nach dem Essen wuschen; aber was im Herzen eines Menschen vor sich ging, welche Gedanken und Gefühle er in sich trug, das entschied in seinen Augen darüber, was für ein Mensch er war (Mk 7, 1–13). Ganz ähnlich schilderte GEORGES BERNANOS in der Person des „Landpfarrers" ein solches „Kind", das der vornehmen Frau von Chantal, die um den Tod ihres Sohnes untröstlich trauerte und verzweifelt mit Gott haderte, ihr Kind zurückgab durch das Gefühl einer tieferen Geborgenheit in Gott.

Religiös ist ein „Kind", wer im Vertrauen auf Gott die Menschenfurcht besiegt hat und daher Raum besitzt für solche einfachen Wahrheiten des Herzens. Wenn immer man in seinem Leben Gott als seinem Vater glauben kann, der ist religiös gesehen ein „Kind" Gottes, ihm vermag man zu begegnen wie einer Schwester oder wie einem Bruder in einer absichtslosen Güte, die weder in Besitz nimmt noch versklavt. Und wenn man solch ein „Kind" als „Prinz" oder „Prinzessin" anreden möchte, dann, weil man in seiner Nähe sich selber eingeladen fühlt, als Gast in einem unsichtbaren Königreiche an der Tafel eines ewigen Königs Platz zu nehmen, indem man sich selbst an seine eigene Herkunft aus dem Licht des Himmels auf das lebhafteste wieder zu erinnern vermag. „Mit dem Himmelreich verhält es sich wie mit einem König, der seinem Sohn die Hochzeitsfeier vorbereitete", sagte im Neuen Testament Jesus von der Auszeichnung und Berufung unseres Daseins (Mt 22, 2).

Das Eigentliche ist unsichtbar, 15 ff.

Die eigene Freiheit wagen

*B*ezeichnend für die Situation des Kindes ist, daß es sich in eine Welt geworfen sieht, die zu begründen es nicht beigetragen hat, die ohne sein Zutun geformt wurde und in seinen Augen etwas Abslutes ist, dem es sich nur unterordnen kann. Für das Kind sind die menschlichen Erfindungen, die Worte, die Sitten, die Werte, im voraus gegebene, unveränderliche Fakten wie der Himmel und die Bäume. Je eingeschüchterter wir schon als Kinder leben mußten, desto mehr werden wir dazu neigen, in gewissem Sinne derartig abhängige Kinder zu bleiben, indem wir andere Menschen wie Götter verehren und fürchten und zu ihnen ebenso bewun-

dernd und ohnmächtig aufblicken wie ein Kind zu seinen Eltern; ja, es wird unser geheimer Wunsch sein, eines
Tages selber zu der Schar der „Götter" aufzusteigen, nur
um schließlich festzustellen, daß wir immer noch die alten Ängste, Wertsysteme und Ideologien in uns tragen,
die uns schon als Kinder drangsaliert und deformiert haben. Es ist eine Welt, in der infantil gebliebene Großtuer
den Ton angeben, eine Welt, in der die Angst von Mund
zu Mund weitergereicht wird wie schlechte Atemluft in
einem erstickend engen Zugabteil, eine Welt, in der
„ewige Kinder" erwachsen spielen, indem sie die wirklichen Kinder daran hindern, jemals erwachsen zu werden.
Im Sinne Jesu kommt es darauf an, die Gefängnismauern
dieser Welt der Icheinschränkung, der Doppelbödigkeit
und der Entfremdung zu durchbrechen, indem man den
Kindern gerade in der Zeit ihrer größten Abhängigkeit
ein solches Vertrauen entgegenbringt und ermöglicht,
daß sie die Angst vor der vermeintlichen Größe der Erwachsenen verlieren. Nur weniges wirkt schwerer in unserem Leben, als ein Kind zu entmutigen, zu enttäu-
schen, zu verschrecken und zu demütigen. Zur Selbstän-
digkeit gelangen kann ein Kind nur, wenn es in einem
Klima der Erlaubnis und der ehrlichen Bestätigung aufwächst, in dem seine Fähigkeiten zum Spielen, zum Beob-
achten, zum Überlegen, zum Sprechen zum Probieren
nach Möglichkeit gefördert werden. Die Erwachsenen
sind keine Götter, aber nur ein Kind, das gelernt hat,
auch kritische Wahrnehmungen machen und mitteilen
zu dürfen, wird seine Autoritätshörigkeit nach und nach
verlieren und die Feststellung treffen können, daß Vater
und Mutter (sowie deren Nachfolger) wirklich nur Menschen sind. Einzig in einer Haltung des Vertrauens gewinnt ein Kind genügend Halt, um seine eigene Freiheit

zu wagen; der Hintergrund dieses Vertrauens aber ist es, den Jesus Gott nennt und den er als einen und unseren Vater bezeichnet.   Das Markusevangelium, 2. Teil, 110f.

Leben im Felde der Angst

*D*as Leben im Felde der Angst, der Mangelhaftigkeit und des Ungenügens, der Selbstübersteigung und der lateralen Feindseligkeit ist nicht zur tödlich, es ist mörderisch. Und so leben wir denn alle, meint der Jahwist, als Menschen, die es nicht aushalten, nur Kreatur, nur Mensch zu sein, Behinderte der Schöpfung, die versuchen, sich selber aus dem Staube als ein Phönix neu zu schaffen, Elende, denen der Mut fehlte, sich zu den eigenen Schwächen zu bekennen, Daseinslügner und Verkrochene, die sich vor den kritischen Augen der anderen nur im Schutze ihrer Feigenblätter darzubieten wagen, und Wesen, die nur eines retten könnte: ein rückhaltloses Eingeständnis dessen, was sie sind. Aber um wahr zu sein, bedarf es absolut eines Vertrauens, absolut akzeptiert und anerkannt zu sein, und gerade dieses Vertrauen erscheint im Umkreis der Angst, der Kompensation und der Daseinsverfehlungen als das Allerunmöglichste und das Allerunwahrscheinlichste. Nichts ist in der Höhle der Gnadenlosigkeit und Angst so schwer, wie etwas Wärme, Menschlichkeit und Güte im Umgang mit sich selber neu zu lernen: Es stellt die ganze Kunst des Überlebens im ewigen Eis völlig in Frage, es droht, die Sicherheit der Iglus zu zerschmelzen und die tote Schönheit der Eisblumen abzutauen; es droht, die eigene Existenz wieder auf eben den Nullpunkt zurückzuwerfen, von dem man doch sein Leben lang loskommen wollte. Aber nur so ge-

winnt das Dasein seine Leichtigkeit und seine Menschlichkeit zurück, und gerade die Unerträglichkeit jedes
andern Versuchs zu leben zeigt auf die Dauer immer un-
ausweichlichen, daß allein das Vertrauen und die Gnade
den Menschen menschlich leben läßt. Oft genug erst,
wenn gar nichts anderes mehr übrigbleibt, unter dem
Druck des Leids, angesichts eines drohenden oder bereits
ins Haus stehenden physischen oder psychischen Zu-
sammenbruchs, merkt man, wie einfach dieses Leben
wirklich sein kann, wenn man es sich nicht immer wieder mit Minderwertigkeitsgefühlen, Selbstüberforderun-
gen und Ängsten aller Art verstellt.

Psychoanalyse und Moraltheologie, Bd. 3, 51 f.

Verstrickt in Kinderängsten

*M*an mache die Probe aufs Exempel: Bei wem, und
stünde er uns noch so nahe, wäre es erlaubt zu sagen: „Ich bin *nicht* groß, *nicht* fertig, *nicht* vollkommen,
nicht tüchtig, *nicht* leistungsstark, *nicht* selbstsicher,
nicht aufsteigend, *nicht* mannhaft?" Wo wäre es erlaubt,
Gefühle zu äußern, die stimmen, zu weinen, wenn man
sich so fühlt, zu lachen, wenn einem danach ist, seine
Träume zu erzählen, wenn die verschwiegenen Enttäuschungen, die verborgenen Hoffnungen, die Ahnungen
eines wirklichen Lebens nach einem Ausdruck suchen,
und all die Teile des noch ungelebten Lebens ins Gespräch zu bringen – all das, was in uns schlummert seit
den Anfangstagen, da wir hervorgingen aus den Händen
Gottes? Statt dessen ist es fast etwas Peinliches, an die eigene Kindheit auch nur erinnert zu werden. Lieber verdrängt man sie oder hüllt sie ein in eine Wolke von

Selbststilisierungen und -heroisierungen, von Verfäl-
schungen aus Schamgefühl; ganze Jahrzehnte sind
schließlich aus unserer Erinnerung infolge von Schuldgefühlen und Ängsten aller Art vollkommen gelöscht.
Ganz im Ernst behaupten später viele auf solche Weise
erwachsen Gewordene, sie wüßten sich an ihre Kindheit,
ihre Jugend überhaupt nicht zu erinnern, wie wenn es so
etwas in ihrem Leben gar nie gegeben hätte. Und sie haben mit ihrer Meinung nicht unrecht: Sie hatten wirklich
in gewissem Sinne niemals eine Kindheit; sie mußten
groß sein, noch ehe sie Kinder waren; und die unaus-
bleibliche Folge davon ist, daß sie in ewigen Wiederho-
lungszwängen niemals aufhören, große Kinder zu sein,
indem sie in ständigen Infantilismen immer denselben
grausamen, zwanghaften Kinderängsten und -verhaltens-
weisen unterliegen. Vor allem der Wust an Minderwertigkeitsgefühlen, die man seit Kindertagen gegenüber den
„Großen Leuten" (EXUPÉRY) hat lernen müssen, verlangt
immer wieder danach, mit allen möglichen Tricks über-
spielt zu werden; und ständig muß man dem Lehrsatz folgen: „Geliebt wirst du nicht für das, was du bist; geliebt
wirst du einzig für das, was du vorzeigst." Am Ende kann
man niemandem mehr glauben, daß man in seiner Nähe
sich ehrlich geben und unverfälscht leben könnte.

Vor diesem Hintergrund der *Machtbesessenheit aus
Angst und Minderwertigkeitsgefühl* versteht man, was
Jesus zu unserer Befreiung sagen wollte, als er ein Kind
nahm und es umarmte, wie um seine Jünger anzuflehen:
„Nehmt das an und nehmt das gütig auf, was ihr seid, gerade in den Teilen eurer Seele, die noch nicht fertig sind,
aber doch voller Hoffnung, die noch nicht perfekt sind,
aber doch wahr, die noch nicht vollendet sind, aber doch
lebendig; laßt in euch gelten, was leben möchte, und

weist es nicht zurück, nur weil es euch klein und micke-
rig, unausgebildet und unreif vorkommt. Wagt, nachzu-
holen und nachzuleben, was in euch nie hat leben
dürfen, und traut Gott zu, mindestens Gott, daß ihr vor
ihm ein Recht besitzt, so zu existieren, wie ihr gemeint
seid, in der ganzen Länge und Breite eures Wesens."

Das Markusevangelium, 2. Teil, 48 f.

Angst vor der Freiheit

*M*an ist gewöhnt an den Gedanken, daß die Freiheit
das eigentliche und höchste Gut des Menschen sei,
und das ist auch wahr. Aber man übersieht leicht, daß sie
zugleich die größte Bürde des Menschen ist und daß es
einer außerordentlichen Anstrengung bedarf, seine eigene Freiheit zu wollen. Es liegt in der Tat eine unge-
heuere Sehnsucht im Menschen, sich als Individuum
aufzugeben und in der Unfreiheit der Masse zu verschwinden, eben weil keine Angst dem Menschen inner-
licher und tiefer ist als die Angst der Freiheit vor sich
selbst. Dostojewskis Großinquisitor hat in gewisser
Weise recht, wenn er die Freiheit als eine zu große Gabe
ansieht, die man dem Menschen nehmen müsse, um ihn
das gehorsame Glück der unmündigen Kinder, die Unschuld der Unfreien zu lehren. In allen Mythologien und
Ideologien, in allem Rausch und in aller Ekstase sehnt
sich der Mensch nach der Überwindung seines subjektiven Bewußtseins, nach der Einheit mit der Kollektivpsy-
che und dem Vergessen seines eigenen verantwortlichen,
unableitbaren Selbstseins, verlangt er nach der Preisgabe
seiner Freiheit in der Kollektivität der äußeren Festle-
gung und der vorweg entschiedenen Richtigkeit aller.

Der Mensch besitzt also die Fähigkeit zur Freiheit, aber er hat zugleich die größte Angst davor, frei zu sein; und so liegt nichts näher, als daß er die Freiheit abschafft. Wie er das kann, ist aus dem angezeigten Schema leicht zu ersehen: Er braucht, statt die Synthese seiner Gegensätze zu bilden, nur einen der Spannungspole seiner selbst zu fliehen und sich an den anderen mit der Energie seiner Angst anzuklammern. Er kann sich sagen, daß er keine Angst zu haben braucht, wenn er nur das tut, was *notwendig* ist, und das Notwendige wird ja nie falsch sein; oder wenn er alles offen in der *Möglichkeit* hält: Auch solange noch alles offen ist, wird es ja nie falsch sein können; oder er denkt: Ich bin so lange unangreifbar, als ich jedes Tun und Wollen von vornherein ins *Unendliche* setze und für ein nie erfüllbares Sehnen, für eine nie zu realisierende Utopie erkläre, solange ich mich wie zum Pyramidenbau verschleiße und so meinen guten Willen demonstriere; oder er erklärt sich aller Aufgaben und Pflichten ledig, er verschanzt sich ins *Endliche,* hält sich an die Fakten, wie sie sind, erklärt sie für allmächtig und gibt gleichermaßen seine Freiheit und sich selber auf. Er ist dann so, wie Diogenes seine Mitbürger sah: verzweifelt im Endlichen aufgrund des Fehlens jedes Gedankens an eine unendliche ewige Bestimmung und Würde des eigenen Lebens, und bis ins Aussichtslose identifiziert mit Dingen, die er selbst nicht ist.

Psychoanalyse und Moraltheologie, Bd. 1, 134 f.

Unter der Decke der Verdrängung

*I*m praktischen Umgang mit der Angst erscheint vieles widersprüchlicher, paradoxer und auf jeden Fall erheblich schwieriger, als es im Rahmen einer famos-abstrakten Dekretentheologie vom ewigen Frieden Platz hat. In der Psychotherapie findet man vor allem immer wieder Gelegenheit zu sehen, daß es einen geraden Weg aus der Angst zum Frieden nicht gibt. Ein Mehr an Vertrauen und „Gnade", ein bißchen weniger an Angst – und der erste Erfolg einer psychotherapeutischen Behandlung wird oft nicht sogleich in einer größeren Friedfertigkeit des Patienten, sondern, zugleich mit der wachsenden Ichstärke, gerade in einem Freisetzen seiner aggressiven Impulse bestehen. Mit dem erwachenden Selbstvertrauen regt sich zugleich der Wunsch, die bestehenden Konflikte und Auseinandersetzungen nicht immer wieder, wie bisher, nur durch Nachgeben und Rückzug vermeiden zu müssen; zahlreiche aus Angst verdrängte Konflikte aus Kindertagen müssen jetzt bewußtgemacht und durchgearbeitet werden; d. h., es geschieht gerade im Namen der „Gnade", daß vielerlei verdrängte Aggressionen jetzt überhaupt zum ersten Mal zum Vorschein kommen. Statt geradewegs zum Frieden voranzuschreiten, provoziert die „Gnade" einer vorurteilsfreien Akzeptation oft genug allererst die Ängste und Aggressionen, die bislang latent unter der Decke der Verdrängung schlummerten, und erst durch das Bewußtwerden *und Ausagieren* der eingeklemmten Affekte werden die bisher verdrängten Aggressionen einer bewußten Steuerung und freien Entscheidung zugänglich.

Die Spirale der Angst, 212 f.

Angst beutet aus

Immer wieder treten Leute auf, die aus der Angst der Menge die Evidenz ihrer eigenen Vertrauenswürdigkeit zu gewinnen suchen, indem sie behaupten, die Zeichen der Zeit zu kennen, und die in beschwörenden Worten verkünden, einzig auf sie komme es an, *jetzt* gehe es um alles, an ihnen entscheide sich das Schicksal der Welt. Aber jede Art von Sicherheit, die sich auf solche „Führer" gründet, ist offensichtlich eine Art von Dummheit. Nur die das Denken vermeiden, „wissen" ganz sicher Bescheid, und es läuft immer auf einen Verrat an sich selbst hinaus, diesem Konvoi der Großtuer und Wichtigmacher, diesem Führerkult der Angst sich anzuvertrauen.

Es ist und bleibt die ewige Frage der menschlichen Geschichte, von welchen Mächten wir uns im letzten bestimmen lassen. Einzig die Liebe ist imstande, einen Menschen als göttlich zu *erkennen;* und einzig die Angst ist imstande, einen Menschen zum Gott zu *erheben;* an diesen beiden Möglichkeiten entscheiden sich Himmel und Hölle. Jede Verbundenheit der Liebe zu einem anderen Menschen besitzt die Kraft, die eigene Person wie die Person des anderen zu erweitern, zu bestätigen und zu verselbständigen; jede Angstbindung hingegen verkleinert, demütigt und versklavt; während die Liebe bereichert, beutet die Angst nur immer weiter aus. Die Art, wie jemand „Ich" sagt, bildet deshalb das deutlichste Kriterium, ob jemand von Gott kommt oder nicht. Ein „Ich", das seine Macht aus der Erniedrigung anderer bezieht, mag sich so oft auf Gott berufen, wie es will – es wird Gott nur im Wege stehen können; nur jemand, der „Ich" sagt, um durch sich selbst ein fremdes Du in das Licht einer wachsenden Vertrautheit zu erheben, ist als ein „Abbild Gottes" in die Welt gesandt. Es ist unvermeidlich, daß in Zeiten der Angst sich Menschen an jeden Strohhalm klammern und ihre Persönlichkeit immer wieder an messianische „Retter" und „Heilbringer" delegieren; wer aber nimmt ihnen die Angst und bestärkt und bestätigt sie so sehr, daß sie den Mut gewinnen, ihr *eigenes* Leben zu riskieren? „Wer nicht durch die Tür in den Schafstall hineingeht, ... ist ein Dieb und ein Räuber", erklärt Jesus im *Johannes*-Evangelium (10, 1) gegenüber all den „Hirten" der Gewalt mit ihren ebenso verfehlten wie verführerischen Machtansprüchen, und er fügt noch hinzu: „Alle, die vor mir gekommen sind, *sind* Diebe und Räuber" (Joh 10, 8). Aber auch *nach* ihm offenbar, mitten also in der Zeit der Kirche, werden den Worten des *Markus*-Evangeliums zufolge in Augenblicken der Angst immer wieder Leute auftreten, die sich auf Jesus berufen, nur um ihre Machtansprüche religiös zu umkleiden.

Das Markusevangelium, 2. Teil, 359 f.

Kein Ausweichen vor der Angst

*A*lle, die heute in Deutschland oder Österreich über fünfzig, fünfundfünfzig Jahre alt sind, werden sich aus eigenem Erleben daran erinnern können, was es heißen kann, sich entscheiden zu müssen. Damals standen womöglich Gefängnis, Hinrichtung, Deportation, Konzentrationslager und Folter auf ein einziges menschlich wahres Wort. Die eigenen Familienangehörigen drohten in Sippenhaft genommen zu werden, wenn jemand es wagte, Unrecht und Terror beim Namen zu nennen, und es gab damals Millionen von Frauen, die ihre Männer voller Angst warnten, und Millionen von Männern, die durch Ausreden, Lügen und Mit-den-Wölfen-Heulen ihre Frauen zu beschützen suchten – vermeintlich zum Wohl vor allem ihrer Kinder. Aber gerade die kommende Generation hat Anspruch auf Stolz gegenüber den eigenen Eltern, und selbst wenn sie aufwächst in jahrelanger Angst, wird sie es eines Tages lernen, daß jede Art von Angst sich lohnt, sofern sie Menschlichkeit gebiert; jedes Ausweichen aus Angst aber schafft nichts als Demütigungen, Beschämungen und Erniedrigungen und eine nicht endende Kette von Schande und Pein.

Wir leben heute nicht im Dritten Reich, aber die Angst ist geblieben, und sie fängt an der eigenen Gartentür an und hört nicht auf bis zum Rand der Welt. Wir haben Angst vor allem, vor den Mitbewohnern, den Nachbarn, den Verwandten, vor den Kollegen, vor jedem, dem wir gerade in die Augen schauen. Aber wichtiger als unsere Angst ist es, daß wir uns selber anschauen können. Dahinter gibt es kein Zurück. Am Ende gibt es nur eines, was wir fürchten sollten: aus lauter Angst schließlich überhaupt nicht wirklich zu leben; denn eine solche Selbstverurteilung zum Unleben wäre ein ständiges Sterben, ein Tod Tag für Tag.

Einander zu lieben *in der Wahrheit* kann unsagbar schwer sein, und so mag immer wieder die Frage auftauchen: Lohnt es sich, so zäh zu sein? Lohnt es sich, so viel zu riskieren für die paar Jahre unserer irdischen Existenz?

Das Markusevangelium, 1. Teil, 568 f.

Die Magie des Todes

Solange Menschen noch den Eindruck haben, mit sich im großen und ganzen recht brauchbar zurechtzukommen, werden sie all das, was Jesus tat und sagte, bestenfalls für eine liebenswürdige Überspanntheit, schlimmstenfalls für eine gefährliche Auflösung aller guten Sitten und bewährten Ordnungen empfinden. Keinesfalls werden sie verstehen, wie wesentlich dem Menschen das Gefühl ist, berechtigt und akzeptiert zu sein – ihnen haben sich derartige Fragen nie gestellt, und im Zweifelsfalle wissen sie sich schon zu beschaffen, was sie brauchen; daß es Fragen geben sollte, die sich *nicht* mit Verstand und gutem Willen, mit klaren Entscheidungen und eindeutigen Stellungnahmen lösen ließen, ist ihnen unvorstellbar; so etwas wie ein „Unbewußtes" in der Sprache der Psychoanalyse ist ihnen schlechterdings nicht einfühlbar, es ist für sie wie ein mutwilliges Attentat auf ihre Selbstsicherheit oder einfach eine „unbewiesene und unbeweisbare Hypothese der Psychologie". Das *ganze* Leben, nicht ein Detail davon, das Leben in seiner Totalität stellt sich anders dar, je nachdem, ob jemand bei sich selbst oder bei Menschen, die ihm nahestanden, schon einmal erlebt hat, wie hilflos und getrieben Menschen im Bannkreis der Angst sein können, oder nicht.

Eine Zeitlang etwa mag es möglich sein, einem *Alkoholiker* zu erklären, er müsse sich zusammennehmen, unter allen Umständen müsse er den Alkohol meiden, schon eine winzige Menge davon könne für ihn die Gefahr eines schweren Rückfalls heraufbeschwören; wenn er so weitermache, drohe ihm eine nachhaltige Zerrüttung seiner Gesundheit, baldiger sozialer Abstieg, irreparable Schäden des Gehirns, des Herzens, der Leber, ein

baldiger Tod – all diese Drohungen werden nicht das Geringste bei ihm bewirken. Von einem bestimmten Zeitpunkt an wird die Erkenntnis nicht zu umgehen sein,
daß dieser Mann nicht ab und zu einmal aus Unvorsich-
tigkeit oder Uneinsichtigkeit über den Durst trinkt, sondern daß er ein Trinker *ist,* ein *Kranker,* und diese
Einsicht verändert alles. Denn fortan weiß man, daß man
es bei der Trunkenheit nur mit einem Symptom zu tun
hat, das sich nicht mit moralischen Vorwürfen bekämpfen läßt, sondern das erst verschwinden wird, wenn man
die entsprechenden Ursachen herausfindet und beseitigt.
Je mehr man aber die „Ursachen" zu erkennen beginnt,
desto deutlicher wird die innere Verflochtenheit des sogenannten „Kranken" mit den sogenannten „Gesunden";
ja, sieht man genau hin, wird man zumeist bemerken,
daß die scheinbar „Gesunden" sich ihre Wohlgemutheit
gerade auf Kosten derer erhalten, die sie erst als „Versager", dann als „Kranke" zu *be*zeichnen und zu *ver*zeichnen sich das Recht nehmen. Hinter jedem manifesten
Neurotiker stehen Leute, die ihre inneren Konflikte und
Probleme durch Verdrängungen und „Stellvertreter-
kriege" lösen. Diese ewig Richtigen können mit ihrer
Angst, mit ihrer Wohlangepaßtheit, mit ihrer allseits ab-
gesicherten Durchschnittlichkeit in gewissem Sinne täglich einen Mord begehen – sie merken es nicht, und
würde man es ihnen sagen, so verstünden sie durchaus
nicht, wovon überhaupt die Rede ist. Wenn es irgendeinen perfekten Mord gibt, so bei diesen Magiern des Todes. Niemals empfinden sie, was alles an Leben sie in sich
selbst ersticken und mit ihren Dauerratschlägen und mit
ihren ach so vernünftigen Anmahnungen ringsum zer-
treten. An dem Unleben ihrer Mitmenschen wissen sie
sich allenfalls im Abstrakten beteiligt – alle seelischen

Störungen gelten ihnen nach Bedarf als „medizinisch" bedingt, als eine Sache der Experten, der richtigen Medikamente und erneuter „vernünftiger" „Maßnahmen". Es dauert oft ein Menschenleben (oder länger), bis einer dieser daseinsberuhigten, moralisch integren, aber psychologisch monströsen Charaktere versteht, daß „Zwangsneurose" nur ein anderes Wort ist für „Sadismus des Überichs", für „verdrängte Aggressionen" und für anale Daseinssicherung durch Besitzen und Befehlen. Aber eben Erkenntnisse dieser Art hat Jesus im Prinzip seinen Zeitgenossen zugemutet.

Dein Name ist wie der Geschmack des Lebens, 74 f.

Egoistisch ist nicht das Glück

Wenn irgend etwas auf dieser Erde wirklich „egoistisch" ist, so ist es nicht das Glück, sondern das Leid, das Unglück, die Verzweiflung; egozentrisch ist die Qual der Angst und der inneren Bedrohtheit; egozentrisch ist jedes Gefühl von Schmerz – ein bißchen Zahnweh genügt, und die objektiv wichtigsten Aufgaben der Welt gelten auf der Stelle subjektiv als nebensächlich. Nur das Leid ist von Grund auf egoistisch; das *Glück* ist ansteckend; es flutet über sich hinaus und teilt sich mit, so wie das Licht der Sonne, bis in die letzte Zone. Jedes Kind hat schon diese Erfahrung gemacht: es streichelt seine Katze oder seinen Hund – und es ist selber überglücklich, wenn es die Katze schnurren und den Hund leise jaulen hört. Das größte Glück auf Erden besteht darin, einem fremden Glück beiwohnen zu dürfen, das uns selbst am Herzen liegt, und nichts ist schöner als mitanzusehen, wie jemand zu seiner Wahrheit und zu seinem Glück hinfindet. Erst in dem Glück des anderen wird auch unser eigenes Glück vollkommen und wirklich. Völlig selbstlos, weitherzig, verschwenderisch und teilnahmsvoll ist nur das Glück.

Das Markusevangelium, 1. Teil, 597 f.

Im Schatten
der Macht

Streben nach Macht

Man kann die Welt so betrachten, daß man *nur* „Welt" sieht. Man muß deswegen durchaus nicht üblen Willens im Sinne der Moral sein, ganz im Gegenteil. Aus Verantwortung und im Bestreben, diese Welt möglichst gut einzurichten und optimal zu verwalten, streben Menschen immer wieder zu dem, was zur Herrschaft, zur Verwaltung unerläßlich ist: zur Macht. Wenn sie das Sagen haben, wenn sie es gut meinen und wenn sie klug genug sind, so wird die Welt schon von allein in Ordnung kommen, denken sie. Seitdem die Menschheit existiert, wird so gedacht, und solange sie existiert, wird man schwerlich auf eine andere Idee verfallen. Trotzdem zeigt sich immer wieder, wie unser Leben sich bei dieser Weltsicht in KAFKAS „*Schloß*" verwandelt; es gleicht zunehmend einem Spiegelkabinett, in dem ein jeder Lichtstrahl sich in sich selber bricht und ein verkehrtes Bild ergibt. Man will die Macht, gut; man will sie einsetzen zum Richtigen – noch besser; aber noch ehe man an die Macht kommt, muß man beginnen, sich Menschen gefügig zu machen: Man darf nicht fragen, wer sie als Personen sind, man muß sich fragen, was man mit ihnen im Interesse bestimmter Zielsetzungen machen kann; was sie selber möchten, spielt dabei nur insoweit eine Rolle, als man sehr genau abwägen muß, wie das, was sie wollen, zu dem paßt, was man selbst für richtig und „notwendig" hält. Also: Wie man Menschen manipuliert, wie man mit ihnen Mehrheiten bildet, wie man sie auf bestimmte Programme hin organisiert und gruppiert, *dies* ist die Kunst im Erwerb von Macht und im Umgang mit Macht. Gleichwohl scheint selbst bis dahin an diesem Vorgehen immer noch nichts bedenklich – wenn nur die

Programme und Handlungsabsichten selbst in Ordnung sind; und doch ist das erste Prinzip aller Humanität bereits verletzt: Menschen niemals als Mittel zum Zweck zu gebrauchen! Wer Macht will, darf sich nicht fragen, welch eine Wahrheit in einem Menschen lebt, er muß sich als erstes fragen, wie die Wahrheit auf andere wirkt; er muß die „Verantwortung" gegen die „Überzeugung" setzen, das Machbare gegen die innere Übereinstimmung, er muß stets vor Augen haben, daß eine Wahrheit gegebenenfalls falsch sein kann, z. B. wenn sie zu Unruhe, Aufruhr oder Tumult führt; in solchen Fällen wird es unerläßlich sein, sich sehr genau zu überlegen, wie man bestimmte *Teil*wahrheiten wichtig macht, wie man seine bisherige Überzeugung ändert, wenn es opportun erscheint, oder wie man längst fallengelassene Meinungen wieder zum ehernen Prinzip erhebt, wenn es die Umstände erfordern. Das Markusevangelium, 2. Teil, 591 f.

Die Verwüstung der Natur

So steht zu erwarten, daß die Verwüstung der äußeren Natur durch den Menschen sich durch eine gleichgeartete technische Ausbeutung und Kontrolle des Menschen durch den Menschen vollenden wird. Beides steht unzweifelhaft im Wechsel zueinander: der (abendländische) Mensch ist mit der äußeren Natur gerade so verfahren, wie er mit sich selbst verfuhr, und es war ein und derselbe Vorgang, das „Tierische", Triebhafte in der eigenen Psyche auszurotten und in der äußeren Natur alles scheinbar „Wilde" und „Unbeherrschte" zu vernichten. In gewissem Sinne wird man sogar die These wagen können, daß in der Zerstörung der Natur durch die abendländische Technologie nur die innere Verwüstung des abendländischen, des christlichen Menschen nach außen verlegt wurde. Denn die so erfolgreiche Zersetzung der „heidnischen" Mythen durch das Christentum hat beide Auswirkungen gleichzeitig und beide in dialektischem Wechsel heraufbeschworen: sie hat den Menschen aus der äußeren Natur herausgelöst und zugleich von seiner inneren Natur getrennt; und in gleichem Maße wie das eine vollzieht sich das andere. Die Ebene dieser Wechselwirkung ist dabei keineswegs mehr nur der moralisch einleuchtende Tatbestand, daß Güte oder Roheit gegenüber der Natur und dem Menschen letztlich voneinander nicht zu trennen sind und daß, wer zu Menschen gut ist, nicht wissentlich zu Tieren grausam sein kann; es geht vielmehr darum, daß die Zerstörung der gefühlsmäßigen Verbindung des Menschen zur äußeren Natur zugleich eine schwerwiegende Entfremdung des Menschen zu sich selber heraufführen mußte und daß umgekehrt ein Mensch, der sich selbst in den Tiefenschichten seiner Psyche nicht kennt und zutiefst angstvoll gegenübersteht, die äußere Natur als genauso fremd und gefahrvoll erleben muß. Ein Mensch, der in der Schule des Christentums seine innere Natur verleugnet und verdrängt, wird eine große Erleichterung darin spüren, die Qual, die Krankheit, die neurotische Zerrissenheit, die er sich selber in dem Prokrustesbett seiner ideologischen Verengung und Überforderung auferlegt, an die Kreatur draußen abzugeben, und die Rücksichtslosigkeit im Umgang mit sich selbst ist nicht nur das Vorbild, sondern auch der Grund für die Brutalität, mit der er der Natur insgesamt gegenübertritt.

Und umgekehrt.

Ein Mensch, der sich, wie die Jägerkulturen der Urzeit,

durch den Bären oder, wie die Teton-Dakotah, durch den Büffel „definierte", nimmt zu sich ohne Zweifel ein anderes Verhältnis ein als der Mensch, den Lamettrie nach dem Vorbild der Maschine zu interpretieren suchte.

Der tödliche Fortschritt, 139 f.

Folgen der Macht über die Natur

So gespalten aber ist heute seit den Tagen der Aufklärung das geistige Bewußtsein im Abendland geworden: Auf der einen Seite dringen die Radioteleskope der Astronomen in immer größere Weiten des Weltraums vor, und die Dimensionen von Raum und Zeit dehnen sich ins Unvorstellbare; die Molekularbiologie stellt überzeugend die Zusammengehörigkeit *allen* Lebens auf unserem Planeten unter Beweis, und die Winzigkeit des Menschen als eines Naturwesens wird durch solche Erkenntnisse von Tag zu Tag deutlicher; *dieser* Strang griechischer Objektivität setzt sich ungebrochen seit der Renaissance geistesgeschichtlich fort.

Aber auf der anderen Seite ist vom Christentum, selbst wenn all seine übrigen Dogmen vollkommen unglaubwürdig erscheinen mögen, doch diese eine Grundhaltung geblieben, die schon das Alte Testament vorgebildet hat: daß der Mensch eine absolute Vorrangstellung in der Natur besitzt und den Anspruch einer uneingeschränkten Machtausübung in der Natur erheben kann, ja soll. Aus beidem: aus dem wachsenden objektiven Wissen um die Naturgesetze und aus dem subjektiven Machtanspruch der christlichen Anthropozentrik, wird jetzt vor allem in zunehmend säkularisierter Form ein tödlicher Sprengstoff: die Entdeckung der objektiven Ohnmacht und Ne-

44

bensächlichkeit des Menschen in der Natur und die
Überzeugung von der subjektiven Sonderrolle des Menschen verbinden sich nach Art von Mittel und Ziel; indem die Naturwissenschaft den Menschen objektiv
entthront, wird sie gleichwohl von dem subjektiven
Herrschaftsanspruch eines säkularisierten Christentums
in ein Machtinstrument verwandelt, mit dessen Hilfe
man den verlorenen Vorrang in der Natur wiederherstellen, ja überhaupt erst wirklich einnehmen kann.

Nachdem die religiösen Grundlagen des christlichen
Anthropozentrismus durch eine absurde Naturphilosophie zerstört worden sind, bleibt jetzt ein Anspruchsdenken übrig, das die christlichen Jenseitshoffnungen zu
Desideraten technischer Machbarkeit herabsinken und
dadurch die menschlichen Erwartungen ins vollkommen
Wahnsinnige wachsen läßt. Schmerzfreiheit, lang anhaltende Gesundheit und die Verlängerung des Lebens, solange es geht, werden jetzt zu Zielen, für die kein Preis zu
hoch ist; und da man das Leid, mit dem die Religion früher zu versöhnen suchte, auch mit der besten Technik
letztlich nicht abschaffen, sondern nur verschieben
kann, muß der Anteil des Menschen an der Last des Lebens fortan soweit als irgend möglich auf die Natur und
dabei vor allem auf die Tiere abgewälzt werden. Die gesamte Natur muß jetzt in eine Megaprothese, in ein Sanatorium für eine möglichst leidfreie Menschheit verwandelt werden. *Der tödliche Fortschritt, 79 f.*

Den Gegner töten

*A*uch diese Einsicht ist moralisch bedauerlich, aber man kann ihr anthropologisch nicht ausweichen: der Mensch ist das einzige Wesen, das aufgrund seiner Intelligenz lernen konnte, daß man einen Konflikt *endgültig* lösen kann, wenn man den Gegner tötet, und dem die Fähigkeit zu konsequentem und zukunftsgerichtetem Denken gewissermaßen den Zwang auferlegt hat, immer wieder nach gerade solchen endgültigen „Lösungen" bestehender Konflikte zu suchen.

Das menschliche Bewußtsein ist in dieser Hinsicht ein sehr zwiespältiges Geschenk der Götter: es ist imstande, auf alle möglichen Notlagen angemessen zu reagieren, aber indem es aus gegebenen Sachverhalten Folgerungen und Schlüsse ziehen kann, gelangt es auch dazu, die situativen Ängste, denen das Leben im Tierreich ausgesetzt ist, als grundlegende und letztlich unausweichliche Gefährdungen zu erkennen. Die Angst vor Hunger, Einsamkeit, Ausstoß aus der Gruppe, Krankheit, Verfolgung und Tod, auf welche die Tiere von Moment zu Moment mit bestimmten Notfallreaktionen antworten, wird vom menschlichen Bewußtsein auf eine Weise reflektiert, die nach einer endgültigen Lösung gegenüber dem letztlich Unvermeidlichen drängt: der Mensch will die Gefahren, die ihn bedrohen, ein für allemal vermeiden, obwohl er doch weiß, daß es letztlich gegenüber dem Tod als Inbegriff aller Gefahren kein Entrinnen geben wird. Insofern hilft das Bewußtsein zwar, bestimmte Angstsituationen durch vorausschauendes Handeln zu überwinden, aber es steigert auch zugleich den Faktor der Angst ins Unendliche und mithin auch den Willen zu übersteigerten Abwehrreaktionen. Vor allem im Umgang mit einem

46

Gegner gibt es letztlich von Fall zu Fall immer wieder nur eine einzige endgültige Lösung: den Tod, und so sieht man die menschliche Intelligenz vom ersten Moment ihres Auftretens an damit beschäftigt, die Herstellung von Waffen, von Instrumenten zum Töten, zu verbessern, um eine Angst zu beruhigen, die in dieser Schärfe überhaupt erst durch das Bewußtsein entstanden ist. Einem Tier genügt es, einen konkurrierenden Artgenossen zu vertreiben, ein Mensch muß seinen Gegner töten, um ihn *für immer* loszuwerden.   Die Spirale der Angst, 74 f.

An der Grenze des Menschlichen

*E*in archaisches Gesetz in uns scheint zu verlangen, daß alles Fremde als feindlich zu betrachten sei, so als müßten wir es fürchten und bekämpfen, schon einfach *weil* es fremd ist. Es bedroht uns, weil wir es nicht kennen, es stellt uns in Frage, weil es anders ist als wir, es verletzt uns, weil es den Nimbus unserer Einzigartigkeit und Unvergleichlichkeit zerstört. Je stärker unsere Angst ist, desto enger zieht das Band unserer Menschlichkeit sich um die uns Nächststehenden zusammen, desto entschiedener schließt es alle anderen als Gegner aus. Moralische Regeln, die uns im Umgang mit unseresgleichen absolut bindend vorkommen, verlieren ihre Geltung, ja verkehren sich ins Gegenteil gegenüber Menschen, die nicht zu uns gehören. Je stärker unsere eigene Gruppe – der Clan, der Stamm, das Volk, die soziale Schicht, die Religionsgemeinschaft, die Partei – bestimmt, was menschlich ist, desto weniger dürfen uns diejenigen als Menschen erscheinen, auf die das jeweilige System von Normen und Verhaltensregeln nicht anzuwenden ist. Statt als Menschen haben sie uns als Gesetzlose, als Volksgegner, als Klassenfeinde, als Ungläubige, als Reaktionäre zu gelten, denen Kampf, Verachtung und Verfolgung anzusagen ist. In dieser Mentalität wächst das Saatgut der Feindschaft, und als deren reifste Frucht hat die menschliche Geschichte die Spezialisten des Todes, den betrüblichen Stand der Soldaten, gezüchtet.

Räumt man die Gloriolen des Militarismus einmal beiseite, so gibt es in der Entwicklung der Staaten und der Machtgebilde dieser Erde keine Berufsgruppe, deren Existenzform ambivalenter und tragischer anmuten würde als der gehorsame Dienst der Soldaten. Er erhält sich allein an der *Grenze* des Menschlichen, er ist überhaupt nur so lange erforderlich, als immer noch Feindschaft, Unrecht und Gewalt menschliche Gruppen *gegeneinander* ins Feld schicken; dabei „arbeitet" ein Soldat pflichtgemäß selber mit gerade den Mitteln, vor denen er die eigene Gruppe schützen soll und die innerhalb der eigenen Gruppe im privaten Leben auf das strengste geahndet werden. Das Markusevangelium, 2. Teil, 602 f.

Veränderung beginnt bei uns selber

Irgendwann hört wohl bei einem jeden die Illusion der Pubertätszeit auf, man könnte mit einem weltumspannenden Idealismus die Probleme der Menschheit nach Art des tapferen Schneiderleins sozusagen alle mit einem Schlag erledigen. Irgendwann kommt jeder auf den Boden der Tatsachen, er beginnt, „erwachsen" zu werden, und muß wohl oder übel feststellen, daß es ziemlich naiv war zu glauben, die Dinge lägen so einfach, daß man die Welt wie in einem Wildwestfilm einteilen könnte in die

Guten und in die Bösen, und man selber besäße das Recht, die bestehenden Übel- und Mißstände auf moralisches Versagen anderer, auf ihren bösen Willen oder ähnliches, zurückzuführen. Irgendwann kommt der Zeitpunkt, von dem an wir es uns abgewöhnen, mit Vorwürfen und Anschuldigungen die Welt verbessern zu wollen, und beginnen müssen, zunächst einmal hinter den Tatsachen die oft sehr vielschichtigen Ursachen zu sehen und nicht zu urteilen oder gar zu verurteilen, ehe wir nicht wirklich verstanden und von innen heraus mitvollzogen haben, woher etwas kommt und warum es so ist. Unvermeidlich aber bringt dieser Gesinnungswandel eine schwere Krise mit sich. Was vorher als so einfach und klar erschien, erweist sich nun als überaus kompliziert – kein Gedanke mehr, es auf Anhieb lösen oder beseitigen zu können. Im Gegenteil: je gerechter und objektiver wir die Dinge betrachten, desto mehr verlieren wir womöglich den Mut, noch etwas an ihnen zu ändern. Je mehr wir sie verstehen, als desto weitläufiger stellen sie sich dar, und desto bescheidener und vorsichtiger werden wir selber, desto begrenzter wird der Spielraum, innerhalb dessen wir noch ernsthaft glauben können, eine wirkliche Lösung bestimmter Probleme zu kennen; und schon beginnen wir, der Annahme zuzuneigen, daß Weisheit und Tatkraft, Einsicht und Entschlossenheit, Denken und Handeln, Ideal und Wirklichkeit auf ewig zwei konträre Größen bleiben müßten.

Mit 16 Jahren etwa konnte man noch glauben, Friede werde sein, wenn endlich auf allen Seiten abgerüstet werde; man hielt ebenso getrost wie erbost eine Handvoll Politiker für dumm und böswillig, man marschierte bei allen möglichen Demonstrationen mit und agitierte und engagierte sich für den Frieden, der so greifbar nahe schien. Mit 20 Jahren kam man bereits dahinter, daß auch Staatsmänner keineswegs allmächtig sind, sondern von der Gunst der Wählermeinung abhängen; es erwies sich als eine kindliche, ödipale Projektion, sie für Überväter zu halten, und man mußte erkennen, daß auch Diktatoren sich nicht selbst erschaffen, sondern aus den Zeitumständen geboren werden. Allzu deutlich erfuhr man, daß die Parolen für den Frieden von einem bestimmten Punkt der Ernsthaftigkeit an von der Mehrheit der eigenen Bevölkerung auf der Straße abgelehnt wurden; es war aber nicht möglich, die Mehrzahl der Menschen einfachhin global zu verurteilen und allein sich selbst für weise zu halten, es sei denn, man hätte wie absichtlich in die Sackgasse des Terrorismus steuern wollen. Vielleicht mit 23 Jahren begann man zu verstehen, daß nicht die Waffen den Krieg machen, sondern die Angst und das Mißtrauen, das die Menschen zwingt, sich zu verteidigen und Waffen zum Schutz voreinander und zum Angriff gegeneinander zu ersinnen. Aber wenn das Mißtrauen und die Angst weltweit verbreitet sind, so können sie unmöglich durch einen bloßen Fehler oder durch einen plumpen Zufall verursacht sein. Deshalb kam man vielleicht mit 25 Jahren dahin, zu glauben, daß es im Menschen selber förmlich ein Bedürfnis geben müsse, aggressiv zu handeln und sich zu verteidigen, daß also die Bereitschaft zu Kampf und Krieg weit tiefer in der menschlichen Psyche, ja womöglich schon im biologischen Erbe des Menschen verankert sei und daß eine Unzahl von Bedingungen des sozialen Zusammenlebens – alle Arten von Ungerechtigkeit, von Frustration, von Unterprivilegiertheit, alle möglichen ängstigenden Eindrücke wie Liebesverlust und Strafe, die Angst um den Arbeitsplatz, die Sorge um berufliche Anerkennung, Ent-

täuschungen in der Liebe der nächststehenden Angehörigen –, kurzum, daß alles, was nur irgendeinen Menschen
aus dem Gleichgewicht zu bringen vermag, auch dazu an-
getan ist, jene uralten aggressiven und destruktiven Verhaltensmuster aus dem Erbgedächtnis der menschlichen
Art auf den Plan zu rufen, die in ihrer Summe kriegsge-
fährlich sind.

Das einfache menschliche Entsetzen vor der Barbarei
des Krieges war mithin im Verlauf weniger Jahre von
einer politischen Frage zu einer sozialen Frage geworden,
dann von einer sozialen zu einer psychologischen Frage,
dann von einer psychologischen oder psychoanalyti-
schen Frage zu einer biologischen. Und wo soll man nun
anfangen? Wenn es den Krieg gibt, weil er als Möglichkeit, ja sogar als Handlungsimpuls, als fertiges Reaktions-
repertoire unter bestimmten Umständen in jedem
Menschen angelegt ist, so haben offensichtlich jene alten
Philosophen und Religionsstifter recht, die meinten, die
Veränderung und Verbesserung der Welt müsse bei
einem selber, bei jedem einzelnen beginnen. Denn so viel
ist jetzt klar: wäre man selbst ein Mensch des Friedens
und spräche aus einem selber wirklicher Friede, so müßte
man doch wenigstens auf seine nächste Umgebung einen
verändernden, begütigenden, beruhigenden Einfluß aus-
üben. *Das Markusevangelium, 2. Teil, 14 ff.*

In der Grabkammer des Goldes

Die Wahrheit ist, daß der ständige Rekurs auf das, was
wir *haben*, uns letztlich daran hindert, zu *sein* und
zu leben. Wie lebendig Tote schütten wir uns förmlich
zu mit „Besitz", sei es moralisch, sei es finanziell, sei es

geistig, wie wenn wir nach dem Vorbild der alten Ägypter schon zu Lebzeiten eine Grabkammer aus Gold um uns errichten müßten, und das Geld, das wir unser eigen nennen, macht uns notwendig blind für die Not, die es an unserer Seite gibt, macht unsere Ohren stumpf für das Wehgeschrei der Verelendeten und macht unser Herz hart gegen die einfachsten Gefühle von Mitleid und Barmherzigkeit. Am Ende merken wir gar nicht mehr, was für Monstren wir aus uns gemacht haben, sondern halten unseren Zustand für absolut normal und richtig.

Zu fürchten haben wir daher nicht die äußere Armut, zu fürchten haben wir den skandalösen Reichtum, der unser Herz leerplündert und brutal macht, ob wir es wollen oder nicht, ob wir es uns eingestehen oder nicht. Notgedrungen sitzen wir schließlich der größten aller Lügen auf, daß das Geld so etwas zu verleihen vermöchte wie Unabhängigkeit und Freiheit. Das Gegenteil ist richtig: Lohnsklaven des Geldes sind wir geworden, Abhängigkeit in der Tretmühle des Kapitals, und je logischer wir in der Logik des Geldes zu rechnen lernen, desto unselbständiger und angstbesetzter werden wir. Nichts fällt uns am Ende schwerer, als auch nur auf irgend etwas „Verzicht" zu tun. Dabei käme es dringend darauf an, all den lästigen Ballast über Bord zu werfen, so wie man ein überfrachtetes Schiff leichtert, das bei zu starkem Seegang ins Schlingern geraten ist. Das Schiff ist wichtiger als die Fracht, und es hat einzig die Aufgabe, uns ans jenseitige Ufer zu bringen. So zu handeln wäre an sich nicht schwer, wenn es uns nicht schwerer als alles fiele, die eigentlichen Erschwernisse unseres Lebens, die falschen Erleichterungen, die Schneckenhäuser unseres Daseins aufzugeben. Das Markusevangelium, 2. Teil, 123 f.

Die Macht des Geldes

Man kann vom Geld sagen, daß sein Wert darin besteht, ein universales Tauschmittel zu sein, und schon diese gewissermaßen abstrakte Eigenschaft des Geldes führt leicht zu dem Aberglauben, daß mit Geld alles nur Denkbare und Wünschenswerte einzukaufen wäre; zu leicht entschwindet dem Bewußtsein die einfache Tatsache, daß wirklich wünschenswert nicht die feilgebotenen Dinge sind, sondern daß es, mit Exupéry zu sprechen, um die geistige „Verknüpfung" der Dinge geht – Freunde z. B. kann man nicht im Kaufladen erwerben. Die Gefahr des Geldes liegt darin, daß es sich von einem Tauschmittel für alle möglichen Dinge selbst in den Inbegriff aller möglichen Werte, in ein Ding an sich verwandelt. Mit Geld umzugehen bedeutet fortan nicht mehr, die Dinge zu „genießen", die man – immerhin – mit Geld einkaufen kann – es muß jetzt darum gehen, möglichst viel Geld zu erwerben, um möglichst viel (nicht zu kaufen, sondern) kaufen zu können.

Gerade so definiert man den Mann des Geldes, den Kapitalisten, daß er auf jeglichen privaten Genuß seines Geldes verzichtet, um mit viel Geld noch viel mehr Geld zu machen. Nichts kann einem solchen Menschen, wenn er „erwachsen" ist, noch unerreichbar scheinen; er ist daran gewöhnt, daß man mit Hilfe des Geldes alles in Eigentum verwandeln kann: Berge, Seen, Wälder, Wüsten und Küsten, Steppen und Meere – alles, mitsamt den unzähligen Tier- und Pflanzenarten, wird demjenigen gehören, der am meisten dafür zahlen kann, und wiederum wird er gerade so viel dafür bezahlen müssen, wie man vermutlich im Durchschnitt aus dem Besitz derartiger „Kaufobjekte" an Geld gewinnen kann. Tatsächlich:

warum sollte man nicht beginnen, den Mond und die Sterne zu verkaufen? Man muß nur „busy" und „quick" genug sein, um möglichen Konkurrenten zuvorzukommen – nicht nur der Raum des Weltalls ist zu kaufen, auch Zeit ist Geld. Und je mehr das Geld das Leben prägt und verschlingt, desto mehr nimmt es selbst den Charakter von etwas Lebendem an. Wenn viel Geld das beste Mittel ist, um noch mehr Geld zu gewinnen, so gelangt die Logik des Geldes zu ihrem wahren Triumph, wenn man begreift, daß es mit Geld nichts Kostbareres zu kaufen gibt als wieder Geld: man muß die Möglichkeiten, mit Geld noch mehr Geld zu gewinnen, selbst als den wahren Wert des Geldes verstehen lernen.

In diesem Augenblick haucht das Genie des Kaufmanns dem Gelde eine Seele ein: es hört endgültig auf, gewisse Dinge als Tauschmittel zu bedeuten, von nun an beherrscht es als das einzige Bedeutende das gesamte menschliche Handeln; es vermehrt sich selber auf den Banken, es regiert in den Parlamenten, es designiert Kaiser, Päpste und Könige, es ist unendlich mächtiger als alle Mächtigen – nichts ist, was nicht Eigentum des Geldes wäre. Das Eigentliche ist unsichtbar, 28 ff.

Die Schatten der Macht

*E*iner der ehernen Pfeiler unserer beruhigten Trägheit besteht in der Selbstverständlichkeit, mit der wir akzeptieren, daß menschliche Beziehungen an nichts anderem zu messen wären als an *Profit* und *Geldgewinn*. Man mache sich diesbezüglich nichts vor. Unsere moderne Gesellschaft gründet sich *wesentlich* auf das Geld: Die Verwaltung unserer Gesellschaft in Form der Politik, die

meisten menschlichen Beziehungen, sogar unsere Ideale
gründen sich auf Geld. Gewiß, wir glauben auch an Gott,
schon seit 1500 Jahren sind wie Bewohner des christlichen Abendlandes. Aber wie kommt cs dann, daß, wo irgendein anderer Kulturkreis mit uns Europäern in
Berührung gekommen ist, er von uns nicht Gott gelernt
hat, sondern den krassen Materialismus, daß es in unserem Denken und Handeln keinen *Wert* gibt – keinen religiösen, keinen menschlichen, keinen natürlichen –
außer dem Geld und daß dies offensichtlich die einzige
Wahrheit ist, die wir bis in die Südsee und bis zum Nord-
pol wirklich exportieren: wie man im Namen des Geldes
die Natur zerstört, den Menschen entwürdigt und Gott
zu diesem Zweck als Alibi mißbraucht.

Der andere Pfeiler, auf den wir uns stützen, ist die *Sicherheit* im Schatten der *Macht*. Auch dieser Ideologie,
auch diesem Götzen bringen wir jedes Opfer dar. Wir sehen ganz deutlich, wie die Welt gleich einem Betrunke-
nen dem Abgrund entgegentaumelt; dennoch halten wir
es für ganz normal und unvermeidbar, uns in „Sicherheit" zu wiegen, indem wir voreinander Angst verbreiten. Ja, wir nennen diesen Zustand des wechselseitigen
Terrors Freiheit, Veranwortung oder politische Vernunft. Wir sind imstande, ich weiß nicht, wie oft, sagen
wir einhundertzwanzigmal, ein jeder jeden anderen Er-
denbürger für seine „Sicherheit" in die Luft zu sprengen,
ihn zu vergasen, ihn zu vergiften, ihn zu verseuchen, ihn
zu zerstrahlen. Und nicht nur militärisch, auch ökono-
misch verlangen wir nach „Sicherheit". Wir häufen Nah-
rungsvorräte auf bis zum Übermaß, wir verbreiten
dadurch Elend, das millionenfach tödlich wird, wir erklären als Christen(!) all diese Taktiken nach wie vor für
selbstverständlich, immer wieder mit der simplen Aus-

rede, das Reich Gottes sei halt noch nicht gekommen, noch sei es nicht an der Zeit zu leben, wie Jesus in der Bergpredigt es vorschlug, es gehe eben noch nicht, womöglich müßten wir deshalb nur so *weitermachen,* wie es immer gut und richtig war und also auch morgen noch gut und richtig sein wird; und wer da sagt, dieses unser Weitermachen sei in sich selbst schon eine hausgemachte Apokalypse, diese Welt, nur einfach so weitergedreht wie bisher, werde sich wie von alleine bald schon dem Ende entgegendrehen, der ist ein Unruhestifter, ein Schwarzseher, ein Schwarmgeist, ein politischer Wirrkopf; und so kann die Frage nur lauten, wie man ihn unschädlich macht, wie man ihn beseitigt und so schnell wie möglich liquidiert. Das Markusevangelium, 2. Teil, 402 ff.

Die Welt, auf die wir warten

Wieviel eigentlich muß noch zerstört werden, ehe *die* Welt beginnt, für die wir in Wahrheit geschaffen sind? Wievieles von dem Himmel unserer Werte muß erst einstürzen, damit wir Gott tiefer begreifen? Die Antwort fällt schwer, aber sie ist nicht schwierig. In unserem Herzen könnten wir so einfach fühlen, was menschlich ist. Wir brauchten dazu keine großen Worte. Wenn der Plunder abfällt und wir bebenden Schrittes diese bebende Erde überschreiten, wird Gott uns nahe sein mit dem Schutz seiner Liebe. Jene Welt, auf die *wir* als Christen unser Vertrauen und unser Erwarten richten, ist z. B. eine Welt, in der es *keine Grenzen unter Menschen* gibt; und wie sähe unsere Geschichte aus *ohne* die engen Grenzziehungen des nationalen Egoismus und der nationalen Sicherheit, deren Festschreibung wir immer noch

für „Politik" erklären? Jene Welt, nach der *wir* uns sehnen, müßte z. B. eine Welt sein, in der Menschen sich
nicht mehr wechselseitig bis zum Tödlichen bedrohen,
nur um voreinander geschützt zu sein; und wie anders
sähe unsere Wirtschaftsordnung und unser Militärhaus-
halt aus, könnten und würden wir endlich auf die mörderischen Kriegsdrohungen verzichten – mit all dem Elend
und der Angst, die zu ihnen gehören? Jene Welt, auf die
wir warten und in der wir einzig menschlich leben könnten, müßte getragen sein von dem Bemühen um Verständnis füreinander und von einer universellen Hilfsbe-
reitschaft gegenüber jeder menschlichen Not, wo immer
wir ihr begegnen; wieviel könnten wir zu diesem Zweck
von unseren ganz normalen Gewohnheiten preisgeben,
um an Menschlichkeit zu gewinnen! Wir müßten durchaus nicht fürchten, uns mit unserer Person weniger ein-
bringen zu können, wenn wir in äußerem Sinne „ärmer"
würden, so als sei die Öffnung zu der Not anderer Menschen gleichbedeutend mit Selbstunterdrückung oder
Selbstverzicht; sie ist dies ebensowenig, wie daß Blumen,
die sich zum Licht hin öffnen, auf sich selbst „verzichten" müssen; im Gegenteil: sie wachsen nur zu ihrer wahren Schönheit auf.

Die Frage ist einzig, woher uns ein milderes Klima der
Wärme kommt, in dem wir fähig sind, ohne Schutz und
ohne Grenzen mit einem gewissen Vertrauen aufeinander zuzugehen und einander und uns selber Gott zu glauben. Seit den Tagen der frühen Kirche glauben wir zu
wissen, daß eine solche Welt des Verstehens, des Vertrauens und des Friedens unter allen Menschen im Prinzip in
der Gestalt Jesu schon begonnen hat und daß die Gestalt
des kommenden „Menschensohnes" identisch ist mit
ihm. Das Markusevangelium, 1. Teil, 395 f.

Das Drama der Kindheit

Prägung durch die Elternliebe

*P*sychologisch gesehen, ist alle Liebe zunächst Elternliebe, und zwar eine Liebe der Abhängigkeit. Die Eltern sind die ersten, die all das, was einem Menschen, der zur Welt kommt, fehlt, durch ihr Dasein ergänzen können. In der Nähe seiner Eltern vermag ein Kind Wärme und Schutz, Nahrung und Geborgenheit, Annahme und Verständnis zu finden, und wenn man sagt, daß es an seinen Eltern in Liebe „hängt", so eben infolge dieser grenzenlosen „Abhängigkeit". Im Kontakt mit seinen Eltern lernt ein Kind seine soziale und physische Umwelt kennen, und es gelangt vermittels seiner Eltern zu den ersten grundlegenden Einstellungen und Haltungen sich selbst gegenüber. Im späteren Leben wird es versuchen, diese Haltungen an anderen Menschen auszuprobieren und, je nach Erfolg oder Mißerfolg, verfestigen oder abwandeln; immer also werden die Beziehungen zu anderen Menschen entscheidend von den ersten Erfahrungen an Vater und Mutter mitgeprägt sein. In gewissem Sinne muß man psychologisch daher sagen, daß die Liebe des Erwachsenen nicht nur von den Eltern wegführt, sondern eigentlich gerade wieder zu ihnen zurückleitet. Jede Liebe unter Erwachsenen ist irgendwo auch eine Fortsetzung und Weiterführung der Elternliebe. Die Frage aber stellt sich, in welchem Maße das gilt, und hier trennen sich die Wege quantitativ wie qualitativ.

Was der griechische Mythos vor Augen hat, ist offensichtlich die Möglichkeit, daß die Liebe *nur* eine Variante der Übertragung, eine Reproduktion frühkindlicher Einstellungen darstellt. Wenn Liebe das ist, als was die Verkörperung des Kindgottes Eros sie hinstellt, dann ist das Ich des Liebenden ein Spielball derjenigen Kräfte, die in den Kindertagen das ich beherrschen und sich darin durch Angst, Liebe und Gewohnheit festgesetzt haben. Alles, was ihn als liebens- oder hassenswert überfällt, bezieht seine schicksalhafte Macht aus der Verknüpfung mit bestimmten Erinnerungsresten der Kindheit. Eine Frau gilt als faszinierend oder (in Freudschem Sinne) als „unheimlich" aufgrund ihrer Nähe zu dem Bild der Mutter, das unbewußt fortwirkt; ein Mann gilt als eine „hinreißende" oder „beeindruckende" Persönlichkeit infolge der unterschwelligen Nachwirkungen der Vatergestalt. Eigentümlicherweise genügen offenbar bereits geringfügige assoziative Anklänge an das unbewußte Bild von Vater oder Mutter, um gerade die Gefühle, Einstellungen und Verhaltensweisen in voller Macht wieder auf den Plan zu rufen, die in den längst zurückliegenden Jahren der Kindheit gegenüber Vater und Mutter eingeübt wurden. Keineswegs bedarf es einer weitgehenden Entsprechung des Geliebten mit der Gestalt der betreffenden Elternimago. Die Verknüpfung erfolgt vielmehr in der Art, wie man ein vor 20 Jahren bespieltes Tonband in voller Länge einspielen kann: Ein einziger Druckknopf genügt, das längst Vergangene in die Gegenwart zu holen. Eine solche Liebe, die in der Übertragung der Elternimagines auf den Ehepartner besteht, bezeichnen wir mit Freud am besten als Übertragungsliebe, und wir müssen uns als erstes fragen, wie eine derartige Übertragungsliebe beschaffen ist, und dann untersuchen, welche moralischen, rechtlichen und theologischen Konsequenzen sich daraus ergeben.

Es ist zunächst wichtig zu sehen, daß die Übertragungsliebe eigentlich gar nicht dem Geliebten gilt, sondern dieser nur den Anlaß zur *Wiederholung* kindlicher Einstellungen abgibt; ihre unentrinnbare beseligende

oder zerstörende Gewalt gewinnt die Übertragungsliebe
ganz und gar aus dem Umstand, daß sie in Wahrheit gar
nicht dem scheinbar Geliebten zukommt, sondern daß
dieser nur die Projektionsfläche *kindlicher* Übertragungen darstellt. Das Ich des Liebenden *regrediert* in der
Übertragungsliebe zu Formen kindlicher Sorge und Anhänglichkeit. Es sieht nicht den anderen, wie er wirklich
ist, es sieht ihn nur durch den Schleier der eigenen Übertragungen, die es selbst unbewußt an die Stelle der Wirklichkeit rückt.   Psychoanalyse und Moraltheologie, Bd. 2, 44 f.

Das „Mädchen ohne Hände"

*E*in altes Märchen der Brüder Grimm „Das Mädchen
ohne Hände" (Nr. 31) beschreibt auf unnachahmli-
che Weise die innere Notwendigkeit, die Auflösung und
das unvorhersehbare Glück des Wiedergelingens einer
Übertragungsliebe in allen ihren Stadien.

„Das Mädchen ohne Hände" ist die symbolische Geschichte einer Frau, der als Kind die Hände abgeschlagen
wurden, damit ihr Vater nicht dem Teufel anheimfiele;
die Kindheit dieser Frau ist analytisch gesprochen also
durch schwere Hemmungen im oralkaptativen Bereich
gekennzeichnet, und die Frage des Märchens lautet, wie
eine Erlösung aus dem Getto derartiger Angst- und
Schuldgefühle im gesamten Wunscherleben später noch
möglich sein soll. Das Mädchen ohne Hände, erzählt die
Geschichte, gerät in einer Art umgekehrter Sündenfall-
erzählung in den Garten eines Königs, von dessen Birn-
baum es unter dem Schutze eines Engels drei Nächte lang
ißt, bis der König es mit Hilfe seines Gärtners und eines
Priesters überrascht; bald überzeugt von ihrer Schönheit

und Frömmigkeit, nimmt der König sie an den Hof, erwählt sie zu seiner Gemahlin und läßt ihr *silberne Hände* anfertigen. Ohne Zweifel repräsentiert dieser „König" des Märchens das genaue Gegenbild des Vaters; von Anfang an zieht er alle diejenigen Hoffnungen und Erwartungen auf sich, die in der Kindheit des Mädchens so bitter enttäuscht wurden, und er läßt sich unvermerkt zu einem Verhalten bewegen, das ganz und gar den Erfahrungen des Mädchens mit seinem Vater widerspricht. Vor allem gleicht der König- bzw. der Vatergemahl in dem Bild von den silbernen Händen die oralen Gehemmtheiten des Mädchens künstlich aus, so daß nach außen hin das Mädchen an nichts Mangel leidet. Doch trotz aller Bemühungen und allen Wohlwollens seitens des Gatten bleiben die silbernen Hände des Mädchens Prothesen, – niemals also vermag es seine Angst- und Schuldgefühle zu überwinden und selber zuzugreifen; im Gegenteil: Es *überträgt* auf seinen Gatten nicht nur die Hoffnungen, sondern ebenso die Ängste, die es dem Vater gegenüber besessen hat. Die gesamte Beziehung zwischen dem Mädchen und dem König wird, so erzählt das Märchen, übers Jahr von quälenden, schließlich mörderischen Mißverständnissen heimgesucht, denn immer verdreht der „Teufel", d. h. die negative Seite der Vaterimago, auf unbewußte Weise – wenn der Bote „schläft", sagt das Märchen – selbst die schönsten und bestgemeinten Mitteilungen. Das Mädchen äußert und versteht stets nur das Gegenteil von dem, was es selbst meint und was der andere ihm sagen will. Aus einem Anlaß der Freude wird somit ein Anlaß des Schreckens, aus einer Botschaft der Liebe wird buchstäblich eine Aufforderung zur Hinrichtung. Die Angst vor dem Vater wird daher durch die Liebe des Gatten geradezu von neuem provoziert und bis zur Unerträglichkeit gesteigert, so als wenn der Gatte, der soviel wie irgend möglich das Mädchen zu fördern und zu unterstützen sucht, ihm gerade jedes eigene Urteilsvermögen und jede eigene Meinungsäußerung verbieten wollte, – in der Bildersprache des Märchens: wie wenn der „König" seiner Gemahlin die Zunge herausschneiden und die Augen ausstechen lassen wollte. Erst als das Mädchen sieben Jahre lang den Kontakt zu seinem Gatten abbricht und mit seinem Kind in einem Hause mit der Aufschrift: „Hier wohnt ein jeder frei" den Gebrauch seiner Hände zurückgewinnt, findet der „König" wieder Zugang zu ihm, so daß beide, wie das Märchen betont, *aufs neue* die Ehe eingehen. –

An diesem Märchenbeispiel ist wohl besonders zutreffend die Ahnungslosigkeit geschildert, mit der das Mädchen ohne Hände in die Falle seiner Übertragungen gerät. Die Ehe mutet es wie der Eintritt in ein Paradies an, und es *kann nicht wissen,* daß gerade dieser Paradieseseindruck nur die Kehrseite der nachfolgenden Ängste, Schuldgefühle und mörderischen Unerträglichkeiten darstellt, ja, daß es in seiner ganzen Ehe nur in umgekehrter Weise seine Vaterbeziehungen *wiederholt.* Vor allem ist dem Märchen darin zuzustimmen, daß die „Ehe" mit dem „König" eigentlich in sich noch gar keine Ehe, sondern nur eine Zwischenstufe für die psychische Reifung des Mädchens bedeutet; dabei wird man sagen müssen, daß die Beziehung zu dem „König" für das Mädchen unerläßlich war, um überhaupt in einem ersten Schritt das unglückselige Bild seines Vaters aufzuarbeiten; – seine „Ehe" war also wohl ein folgenschwerer *Irrtum der Person* des Partners, der mehr und mehr in die Verwechslung mit dem Vater hineingezogen wird, aber sie war kein Irrtum in dem Lebensweg des Mädchens. Denn erst in der

Beziehung zu dem „König", so unglückselig diese auch zunächst scheitert, lernt das Mädchen, daß es auch selber für sich leben kann und darf.

Lediglich der Abschluß des Märchens muß im gewöhnlichen Leben als ein unerhörter Glücksfall betrachtet werden: daß der „König" seine Geliebte am Ende aller Widerstände und Verwechslungen wiederfindet und sie gesund zurückerhält; für gewöhnlich wird der Partner der Übertragungsliebe nur die notwendige (und hoffentlich einzige) Brücke zu einer eigentlichen Beziehung sein, die den Partner nicht mit den Ängsten und Schuldgefühlen frühkindlicher Erfahrungen bis zur Unkenntlichkeit überzieht, sondern ihn in seiner Realität wahrnimmt und bejaht. Psychoanalyse und Moraltheologie, Bd. 2, 50–52

Auflösung der Übertragungsliebe

Zweifellos wird kein Mensch seine Suche nach Sicherheit bei einem bestimmten Menschen aufgeben, ohne in einen größeren Raum von Geborgenheit einzutreten; insofern ist es nur natürlich und „normal", daß ein Mensch sich von seinen Eltern äußerlich löst und in der Liebe innerlich die Bedürfnisse, die sich bis dahin an Vater und Mutter wendeten, nun auf den Geliebten überträgt. Aber an dieser Stelle wird deutlich, daß es um der Möglichkeit menschlicher Liebe willen nötig ist, die Archetypen von Vater und Mutter, mithin das *unendliche* Bedürfnis nach Sicherheit und Halt, überhaupt von *jedem* Menschen zu lösen und selbst ins Unendliche zu richten.

Es gibt also für die Auflösung der Übertragungsliebe letztlich nur eine *religiöse* Antwort. Nur wenn jemand den Archetyp des Vaters bzw. der Mutter im Unendlichen festmachen kann, vermag er seine Erwartungen nach Schutz und Geborgenheit zu relativieren und den anderen in seiner realen Begrenztheit zu erkennen und anzuerkennen; klarer gesagt: Nur im Glauben an Gott ist eine Auflösung der Übertragungsliebe und eine reelle Liebe zum anderen Menschen möglich.

Psychoanalyse und Moraltheologie, Bd. 2, 66

Flucht in die Krankheit

Wir stehen heute vor dem Paradox, daß Menschen Kinder in die Welt setzen müssen, noch ehe sie selber jemals Kinder sein durften, daß sie Mütter sein müssen, ehe sie Frauen, Väter, ehe sie Männer sind. Deren Kinder wachsen dann wie notgedrungen in einer Welt auf, in der sie das selbstverständliche Recht eines jeden Kindes, geliebt zu werden, nicht empfangen können. Enttäuscht von der Mutter, klammern solche Kinder sich an den Vater, aber der Vater hat selber Angst vor dem Unglück seiner eigenen Gefühle, und so werden schon die Kinder infiziert mit der Angst vor den eigenen Empfindungen von Zuneigung und Liebe – es tut so weh, zurückgewiesen zu werden. Hinzuaddieren muß man all die vielen Fälle, in denen die Eltern durch die Umstände (Krankheit, Arbeitslosigkeit, Beruf usw.) ihre Kinder ehrlicherweise als leidige Last empfinden. Probleme dieser Art lassen sich nicht durch „Opfergeist" und „Selbstverleugnung" lösen, und Menschen, die man mit Erfolg daran gehindert hat, ein gesundes Verhältnis zu sich selber aufzubauen – wie sollen die „gesunde", d. h. liebesfähige und arbeitsverträgliche Kinder großziehen? Schwierigkeiten dieser Art waren es, die bereits *Sigmund Freud* vor Augen hatte, als er die Theorie vom Ödipus-Komplex entwickelte und besonders hervorhob, wie intensiv gerade in lieblosen Ehen die Kinder die Stelle des vermißten Liebespartners der Mutter oder des Vaters einnehmen müssen.

Was bleibt inmitten eines solchen Zwangssystems zum Unglück in der Liebe außer der Flucht in die Krankheit zur Rettung des Restes an gutem Willen und Moralität? Es ist ein bitterer Satz, den *Freud* schon vor achtzig Jahren aussprach: „Nichts schützt eine kranke Ehe so sicher wie die Krankheit." Wege in ein unentdecktes Land, 34 f.

Man „behält" nur, was man opfert

*E*s gibt wohl keine Mutter auf der Welt, die nicht auf lange Zeit mit ihrem Kind sich ganz und gar identifizieren würde, ja, ein Großteil der mütterlichen Fürsorge besteht gerade in dieser Identifikation, daß die Mutter sich selbst in ihrem Kinde lebt und es als einen Teil, in gewissem Sinne sogar als den wichtigsten und stolzesten Teil ihrer selbst betrachtet. Aber eben hier liegt der springende Punkt, an dem alle Moral und aller menschlich guter Wille zerbrechen muß: daß es von einem bestimmten Zeitpunkt an entscheidend darauf ankommt, diese so natürliche Identifikation wieder rückgängig zu machen und das Kind aus dem eigenen Leben *wegzugeben*. Offenbar damit dies nur ja nicht vergessen, sondern gleich von Anfang an eingeschärft wird, besteht die Kirche mit der Weisheit aller alten Völker darauf, in der Nachfolge der Praxis der jüdischen Synagoge die *Aufopferung* des Kindes nach Möglichkeit gleich in den ersten Wochen vor-

zunehmen, damit gerade in der Zeit der stärksten
Identifikation der Eltern mit ihrem Kinde dies wie ein
Gegengewicht als Wahrheit und Aufgabe erhalten bleibt:
dein Kind ist nie dein Eigentum. Man kann sich über den
herausfordernden Tatbestand keinen Augenblick lang
täuschen, daß hier eine eminent religiöse Frage zur De-
batte steht. Denn keinesfalls sind es einfach naturgege-
bene mütterliche oder väterliche Gefühle, die eine Frau
oder einen Mann veranlassen, ihr eigenes Leben mit dem
Leben ihres Kindes wenigstens eine Zeitlang untrennbar
zu verschmelzen. Was das Opfer des eigenen Kindes zumeist so schwer, ja, oft genug schier unerträglich schwer
macht, ist das Unvermögen, selber für sich ein sinnvolles
Leben zu führen. Immer, wenn eine Frau nicht weiter
weiß, wird sie in die Versuchung geraten, sich ein Kind
schenken zu lassen; immer, wenn sie sich selber unge-
liebt und verlassen vorkommt, wird sie aus sich ein Kind
erschaffen wollen, das ihr seine Liebe schon deshalb
schenken muß, weil sie sein ein und alles ist. Je weniger
jemand selber leben kann, desto verzweifelter drängt es
ihn paradoxerweise eine Weile lang nach der Weitergabe
von Leben, nach einem Leben im anderen – ein Haupt-
grund dafür, daß oft die unglückseligsten Familien die
meisten Kinder hervorbringen.

Wie es mit einem solchen Kind als Lebensersatz der
Mutter oder des Vaters allerdings weitergeht, kann man
in dem *Grimm*schen Märchen von der *Rapunzel* (KHM
12) nachlesen. Es handelt sich um die Geschichte einer
Frau, die sich selber nichts sehnlicher wünscht als ein
Kind, so sehr, daß sie ohne dieses Kind nicht länger weiterleben zu können meint und es so ähnlich ansieht wie
den Salat (die „Rapunzeln") in ihrem Garten: sie verschlingt ihn wie ein Lebenselixier; und ganz von dieser

Art, will offenbar das Märchen sagen, muß man sich auch die Liebe dieser Frau zu ihrer „Rapunzel" vorstellen: sie hat sie „zum Fressen gern"; sie ist der Inhalt, die Substanz, die Füllung ihres hohlen Daseins; aber eben deshalb wird ein solches Mädchen außerstande sein, an der Seite seiner Mutter zu leben. Man komme einer solchen Frau wie „Rapunzels" Mutter nun freilich mit Moral und schärfe ihr die Mutterpflichten ein! Eine im Sinne der Moral vorzüglichere, sorgsamere, wohlmeinendere Mutter als diese Frau wird man nur schwerlich finden. Und doch erklärt das Märchen sie in ihrer hintergründigen Wahrheit für eine Hexe, für eine Ausgeburt an Zauberei und Heimtücke, für eine wahre Kerkermeisterin. Und das mit Recht! Kaum nämlich wird ihre Tochter zwölf Jahre alt, da sperrt die (Stief-)Mutter ihre geliebte „Rapunzel" in einen Turm ein und stellt ihre Tochter so hoch über sich, daß sie sich Tag für Tag buchstäblich an den herabgelassenen goldenen Haaren der „Rapunzel" „hochzieht". Diese Frau „opfert" ihre Tochter *nicht;* statt dessen kann sie die über alles geliebte „Rapunzel" eines Tages nur vor Zorn verstoßen und verloren geben, als sie von der geheimen Liebschaft „Rapunzels" zu einem Königssohn erfährt. Seit diesem Zeitpunkt aber hört die Mutter selber auf zu existieren, d. h., sie fällt auf den Status ihres Unlebens vom Anfang wieder zurück – das Märchen erwähnt sie wie eine Tote mit keinem Wort mehr. – Man „behält" nur, was man opfert – die alten Riten kannten diese menschlich so überaus wichtige paradoxe Wahrheit. Dein Name ist wie der Geschmack des Lebens, 128 f.

Im Klima der Unsicherheit

Um indessen den „einfachsten" denkbaren Fall zu skizzieren, genügt es, sich in die Lage einer Mutter zu versetzen, die aufgrund ihrer eigenen Psychodynamik, ob sie will oder nicht, ein Klima der Unsicherheit und der Ungeborgenheit verbreiten *muß*. Eine Frau z. B., die selber unter Herzasthma leidet, zeigt sich ihrem Kind gegenüber phasenweise als eine sogar über die Maßen treusorgende, ängstlich besorgte Mutter, die ihre Pflichten auf das treueste nachzukommen sucht, bis sie unter der Last ihrer Verantwortungsgefühle zusammenbricht und einfach nicht mehr weiter kann. Dann endlich teilt sie ihren Angehörigen auf dem Weg der Symptomsprache ihres Körpers mit, was sie ihnen schon längst hätte sagen müssen: daß sie vor lauter Angst, sich wie erstickt fühlt, daß all die vermeintlichen oder wirklichen Verpflichtungen ihr die Brust abschnüren, daß sie einfach keine Luft mehr bekommt, und daß sie immer wieder das Gefühl hat, es müsse ihr das Herz zerspringen. In solchen Augenblicken sitzt sie kraftlos auf dem Sofa, droht zu sterben und röchelt hilflos die schwersten Vorwürfe, des Inhalts, daß die ganze Familie es sei, die sie umbringe. Wenig später allerdings steht sie bereits wieder am Herd und am Tisch, um demonstrativ ihre Sorgfalt und ihr Pflichtgefühl unter Beweis zu stellen. Für das Kind aber bedeutet diese „Wiederauferstehung" der Mutter keinesfalls die Rückkehr zu vormalig ruhigen Verhältnissen, sondern nur eine Atempause vor dem nächsten Anfall.

Um die Sicht des Kindes in einer solchen Situation zu verstehen, muß man vor allem daran denken, daß der Zustand der Mutter in seinem Leben nicht irgendeine Nebensache darstellt, sondern die Grundlage seiner ganzen Existenz bildet. Wie sich die Mutter fühlt, so fühlt sich indirekt über lange Zeit hin auch das Kind. Die Angst der Mutter vor dem Tod wird daher alsbald der Angst des Kindes um das Leben der Mutter, und so muß es darauf sinnen, seine Mutter nach Möglichkeit am Leben zu erhalten. Ehe es sich selber sicher auf Erden fühlen kann, muß es als erstes das Leben seiner Mutter sicherstellen, – es muß gewissermaßen der Vater seines Vaters und die Mutter seiner Mutter werden, nur um das Recht zu erlangen, als Kind zu leben. Auf der einen Seite fühlt natürlich auch die Mutter (bzw. die primäre Kontaktperson), daß sie in einem entscheidenden Punkt ihrer Lebensaufgabe versagt, und um mit ihren Schuldgefühlen einigermaßen zurechtzukommen, wird sie deshalb um so intensiver sich bemühen, den Ausfall wirklicher Gefühle von Zuneigung und Wohlwollen durch alle möglichen Aktivitäten der Ob- und Fürsorge zu ersetzen. Die *Überverantwortung,* die das Kind bis zum Phantastischen hin spürt, findet somit ihr Gegenüber in einem kompensatorisch bis zum Unerträglichen überdehnten Schuld- und Verantwortungsgefühl der Mutter.

Kleriker, 273 f.

Die Wiederholung des Unglücks

*D*a ist z. B. der Chefarzt eines Krankenhauses, der als sichere Grundlage seiner Ehe, wie er meint, mit seiner Frau ein Kind nach dem anderen in die Welt setzt, um sich zwischendrein und hernach von den Aufgaben seiner Arbeit randvoll besetzen zu lassen, hat er doch nach so viel Vaterfleiß seine Gemahlin, wie jetzt, wohlversorgt zurückgelassen; zwar fährt er mit ihr und den

Kindern in den Ferien regelmäßig für drei Wochen nach Mallorca oder Acapulco, doch überwindet selbst ein solches „Opfer" der Ferien die Einsamkeit der Gattin so wenig wie die Angewohnheit, alle vier Wochen reihum eine Party für die gleichrangigen Honorationen der Stadt zu geben oder zu machen. – Das Beispiel mag nicht zuletzt auch als einfacher Hinweis auf an sich äußerst vielfältige Formen von Verlassenheitsangst und schleichende Verzweiflung gelten, die mitten in äußerem Wohlstand, mitten in den sogenannten „geordneten Verhältnissen" und mitten in einer Welt des beneidenswerten Erfolges grassieren können. Entscheidend in diesem Zusammenhang aber ist die Tatsache, daß *als Ersatz für den abwesenden Vater das Kind* im Leben seiner Mutter die zentrale, buchstäblich „rettende" Stelle von Sinnvermittlung und Lebensinhalt übernimmt.

Um die an sich einfache *Grundsituation des abwesenden Vaters* noch ein Stück weit zu variieren (und zu komplizieren"), läßt sich an die zahlreichen Ehen denken, in die eine Frau von vornherein mit einer ausgeprägten Neigung zur Pflichterfüllung, Ehrgeiz und Opfer hineingeht. Stellen wir uns eine Frau vor, die selbst in ihrer Kindheit einen ausgesprochenen Emporkömmling und Aufsteiger als Vater besaß; dieser Mann benötigte als Tochter nicht so sehr ein glückliches Mädchen, als vielmehr eine glücklich scheinende Vorzeigepuppe zum Beweis seines Erfolges, und so sehnte die Frau sich bereits als Kind wie verzweifelt nach einer Liebe, für die sie bereit gewesen wäre, jeden Preis zu zahlen, auf die sie aber gleichzeitig immer wieder verzichten mußte. Erwachsen geworden, steht zu erwarten, daß sie dieses Verhaltensmuster: um Liebe *zu werben und* gleichzeitig aus Angst vor Enttäuschung jede wirkliche Nähe förmlich *zu fürchten,* wie selbstverständlich forsetzen wird. Mit anderen Worten: Ihr Mann, selbst wenn er es gut meint, wird gerade *nicht* tun, was seine Frau insgeheim am meisten sich ersehnt, ihr nahekommen. An die Stelle einer partnerschaftlichen Liebe mag eine solche Frau sich um so inniger der Pflege ihrer Kinder zuwenden, in denen sie zum Teil ihre eigene ungelebte Kindheit wiedererinnert und wiederholt – in jedem Fall ist für sie der Vater ihrer Kinder *emotional* wie abwesend, während diese selbst das Vakuum der so notvoll vermißten Vater- und Gattenliebe, so gut es geht, durch ihre eigenen dargebotenen Formen von Freude und Glück ausfüllen müssen. Augenblicklich beginnt somit in der zweiten Generation sich zu wiederholen, was bereits das Leben der Mutter zuerst geprägt hat: Mußte diese, statt glücklich zu *sein*, stets glücklich *scheinen*, müssen jetzt die Kinder, um ihre Mutter nicht unglücklich zu machen, als besonders „positiv", gesund und „lebensfroh" darbieten. „Ich kann noch heute mit meiner Mutter zusammen keinen Fernsehfilm anschauen, in dem Folterungen, Krankheiten oder Schlägereien gezeigt werden. Ich kann meine Mutter nicht leiden sehen – es wäre für mich unerträglich", gestand vor einer Weile ein Priester, der vor Jahren noch auch nur den bloßen Gedanken als absolut lächerlich beiseite geschoben hätte, es könnte die unglückliche Bindung an seine Mutter gewesen sein, die ihn vor Jahrzehnten zur „Erwählung" als Kleriker bestimmt hätte – wo seine Jugend doch nichts war als eitel Sonnenschein! Er hätte es selber vier Jahrzehnte lang glauben müssen. *Kleriker, 293 f.*

Iphigenies Rettung

Wenn es aus dem Doppelleben zwischen Traum und Wirklichkeit eine Rettung geben soll, dann wird sie wohl nur so kompliziert vonstatten gehen können, wie sie die antike Mythe von Iphigenie auf Tauris erzählt. Als die Tochter Agamemnons schon in dem safrangelben Gewand der Artemisdienerinnen zum Altar der schrecklichen Göttin geführt wurde wie zur Hochzeit und ihre Brust bereits zu dem tödlichen Stoß entblößt war, gerade in diesem Augenblick der Schlachtung vertauschte Artemis „das Mädchen mit einer Hindin und entrückte Iphigeneia durch die Luft nach der Taurischen Halbinsel, damit sie ihr bei den Barbaren als Priesterin diene." Ihre Mutter Klytaimnestra aber, voller Empörung über die vermeintliche Schlachtung ihrer Tochter, haßte ihren Gemahl Agamemnon und tötete diesen mit Hilfe ihres Geliebten Aigisthos, indem sie den aus dem Krieg Heimgekehrten in der Badewanne mit dem Beile erschlug. Ihr Sohn Orest und ihre Tochter Elektra hinwiederum nahmen sieben Jahre später Rache an der Ermordnung ihres Vaters und töteten Klytaimnestra und Aigisthos. Nach all diesem Furchtbaren endlich wurde Orest beauftragt, „die aus dem Himmel gefallene Statue der Artemis aus dem Land der Taurer zu holen. Bei diesem Kultbild diente Iphigeneia. Zu ihr hatte der Gott – ohne es zu sagen – Orestos und Pylades geschickt. Als sie ankamen, sollten die beiden griechischen Jünglinge von ihr zum Opfer geweiht werden. Es erfolgte die Wiedererkennung und die Rettung aller: der Raub der Statue und die Heimführung der Priesterin.

Überträgt man diese Heroengeschichte in die therapeutische Praxis, so wird man nicht anders sagen können, als daß es wirklich darum geht, die Statue einer gefallenen Göttin aus dem fernen Land (des Unbewußten) zu retten und die Tochter Agamemnons von der männer- und menschenmordenden Art ihres „Gottesdienstes" zu befreien. Kein anderer Weg dazu ist denkbar, als daß es wirklich einen Menschen gibt, der sich als „Bruder" Iphigenies erweist. Es wird dabei im Prozeß der Rettung als erstes darauf ankommen, daß zunächst die Gestalt der Mutter das Angstbild des Vaters überwindet; die Welt der Iphigenie indes wird auch durch das Diktat ihrer Mutter noch nicht menschlicher. Erst wenn auch Klytaimnestra und ihrem verderblichen Gemahl Aigisthos endgültig das Handwerk gelegt wird, vermag „Orest" zu seiner „Schwester" zu gelangen. Freilich riskiert er dabei selbst, das Opfer des eigentümlichen Gottesdienstes seiner geliebten Schwester zu werden; erst wenn deutlich wird, daß es wider alles Erwarten eine von Vater und Mutter unabhängige *brüderliche* Art angstfreier Liebe gibt, wird „Iphigenie" sich aus dem Opferdienst der strengen Jägergöttin Artemis erlösen lassen. Denn in der Tat: Nur eine Liebe, die das gottähnliche Vaterbild durch eine bruderähnliche Gestalt ersetzt, wird von der Angstliebe ständig neuer Schlachtungen und unmenschlicher Glückszerstörungen befreien und nach Haus zurückgeleiten können.

Wer sich mithin auf den Weg macht, um „Iphigenie" zu retten, wird nach dem zutreffenden Bild der alten Mythe unbedingt selbst alles wagen müssen, und er besitzt dazu nichts weiter als die Macht einer allmählichen, geduldigen Annäherung von Du zu Du, von Gleich zu Gleich. Dafür aber kann er nach unendlichen Grausamkeiten, am Ende, wenn er die finsteren Elternbilder aus dem Weg zu räumen vermag, auch für sich selbst das höchste Glück erwerben, das unter Menschen möglich ist: das Glück einer angstfreien, absichtslosen, geschwisterlichen, brüderlichen Liebe, eine herzliche Freundschaft, die niemals enden wird, weil alles, was sie stören könnte, schon überwunden wurde, um sie zu erringen. Und ist ein solcher Lohn nicht jedes Preises wert?

Psychoanalyse und Moraltheologie, Bd. 2, 159–161

Mit sich selbst ins reine kommen

An die Möglichkeiten des anderen glauben

Oft genug in der Beratung bestürmen Mütter, die es besonders gut meinen, immer wieder ihren Therapeuten, ihnen endlich doch zu sagen, wie sie mit ihren Kindern richtig umgehen sollen, die womöglich am Rand des Selbstmords, der sozialen Verelendung, des schulischen Boykotts stehen, und man kann ihnen nichts anderes sagen, als daß es nur einen Weg gibt, den Kindern gerecht zu werden, nämlich, daß sie als erstes zu sich selber finden, indem sie den Mut aufbringen, ihr eigenes Leben zu leben und das Maß der Verantwortungs- und Verpflichtungsgefühle zu begrenzen. Solange man selber ständig sich unsicher fühlt, ist es nicht möglich, ein Kind hinreichend angstfrei aufzuziehen, vielmehr wird das Kind notwendig in die Rolle eines Ersatzlebens gedrängt, und es *muß* unbewußt gerade die Dinge tun, die seine Mutter selber nicht zu leben wagt. Kehrt man aber mit dem Gefühl von Vertrauen und Zuversicht zu seiner Tochter heim, so löst der Spuk der Fremdbestimmung sich nach und nach wie von selbst auf, und die Pflicht findet ein Ende, den anderen förmlich für falsch, krank, unberechtigt, verkehrt, in jedem Falle für erziehungsbedürftig halten zu müssen. Statt dessen kann man auch ihm ein Terrain zubilligen, in dem er die bescheidene Blume seines Glücks zu pflanzen vermag, und es ist durchaus nicht mehr nötig, ihm die Verantwortung für sein Leben abzunehmen.

Wenn wir in unseren Beziehungen zueinander *uns selber* als *geheilt* empfinden, so brauchen wir nicht länger mehr den Begriff der Verantwortung als Freibrief der Tyrannei, der Angst und der Einschüchterung zu verwenden; statt dessen könnten wir uns wechselseitig von

Respekt, von Hochachtung, von Vertrauen, von Zuversicht bestimmen lassen, und wir könnten den Mut aufbringen, an die Möglichkeiten des anderen ernsthaft zu glauben. Doch dazu gehört, daß wir die eigene Wahrheit zunächst einmal bei uns selber suchen, statt die Schwierigkeiten, die wir mit uns haben, partout im anderen lösen zu wollen; es gehört dazu auch, sich als erstes selber zu fragen, wie man lebt, statt zu beaufsichtigen, wie der andere sein Leben einrichten möchte. Am Ende gilt es, gemeinsam vor Gott hinzutreten und das ganze Leben miteinander im Umkreis der Liebe zu erleben wie ein nicht endendes Gebet.   Das Markusevangelium, 1. Teil, 491 f.

Der Wille, erwachsen zu werden

Man wird über das Streben nach Größe im menschlichen Leben einmal grundsätzlich ins Nachdenken kommen müssen; zu überlegen ist, was es denn eigentlich damit auf sich hat, wenn wir Menschen, in der Tat, „groß" dastehen möchten, welches unsere Motive dabei sind und was daran so gefährlich und falsch geraten kann, daß erst die Religion, eine veränderte Einstellung zu Gott, uns davon befreien kann – in einer Art von Sterben an allem, in einer Art von Neubeginn des ganzen Lebens.

Ein jeder wird sich noch daran erinnern, wie es mit ihm stand, als er noch ein Kind war. Kein Traum war damals schöner, als sich vorzustellen, wie es sein würde, wenn man einmal groß wäre. Keine größere Freude konnten Vater und Mutter uns damals bereiten, als indem sie uns davon erzählten, wie auch wir eines Tages dieselben Dinge zu tun vermöchten, die wir bei ihnen so sehr bewunderten: in ein paar Jahren schon würden wir unsere Arme und Beine in der gleichen Weise zu rühren wissen wie sie: wir würden einen Nagel mit Bravour in die Wand schlagen können; wir würden die Schuhe selber besohlen und mit elektrischem Licht umzugehen wissen; wir würden stark und groß sein, wie Vater und Mutter.

Soll ein so unverdächtiger Kindertraum wirklich vollkommen falsch sein, und soll die Religion ein Interesse daran haben müssen, ihn uns zu verübeln? Ganz sicher nicht!

Wir können nur erwachsen werden durch die *Funktionslust,* die es bedeutet, jede Fähigkeit unseres Lebens so intensiv wie möglich reifen zu lassen und auszuprobieren, was geht und was nicht geht. Ohne diesen *Rausch* des eigenen Wachsens, ohne dieses Glück der eigenen Entfaltung würde niemand sich ins Leben getrauen, und dieser Wille, *groß* zu werden und *erwachsen* zu sein, ist an sich das Unschuldigste und Richtigste, was uns als Mitgift des Lebens auf den Weg gegeben wurde.

Das Markusevangelium, 2. Teil, 54 f.

Vertrauen zu sich selbst finden

Oft genug türmen sich vor unseren Augen bestimmte Schwierigkeiten wie unübersteigbare Gebirgszüge auf. Ein Student steht vor einer Examensarbeit und traut sich vor lauter Minderwertigkeitsgefühlen nicht zu, auch nur eine einzige gültige Zeile zu Papier zu bringen; eine Studentin leidet unter der zerbrochenen Liebe zu einem jungen Mann, der sie verlassen hat, und sie fühlt sich völlig verzweifelt, da sie sich durchaus nicht zutraut, jemals die Liebe eines anderen Menschen erringen zu können;

ein Mann kommt aus der Verkrampfung seiner Ehe nicht heraus, da er unbewußt nur in der Position der Stärke sich liebenswert genug fühlt, um seiner Frau zu begegnen, und er merkt nicht, daß gerade der ständige Terror seiner endlosen Rechthabereien und Perfektionsansprüche ihm den letzten Rest an Zuneigung auf seiten seiner Gattin zerstört. Unser Leben ist randvoll von solchen Teufelskreisen geheimer Ängste und Selbstzweifel, die uns die Hindernisse auf dem Weg zum Leben als unübersteigbar erscheinen lassen *müssen*, weil sie sich überhaupt erst aufgrund unserer Ängste und Selbstwertzweifel als derart aussichtslos darstellen; und je mehr wir durch eigene Anstrengung, durch noch mehr Arbeitseinsatz und Leistungsanforderung die gestellten Hindernisse beseitigen wollen, desto gewaltiger türmen sie sich vor unseren Augen auf. Andererseits können wir immer wieder die Erfahrung machen, daß die wirklich entscheidenden Probleme unseres Lebens sich wie von selber lösen, wenn wir nur zu einem ruhigeren und zuversichtlicheren Vertrauen in uns selbst hinfinden. Die „Berge", die den Weg ins Leben versperren, lassen sich fast niemals mit „Spitzhake" und „Schaufel", mit „Nachdenken" und „Arbeiten" beseitigen; aber sie verschwinden wie von selbst durch das Gefühl, auf einer tieferen Ebene unseres Daseins, von Gott her, berechtigt und angenommen zu sein. Das Markusevangelium, 2. Teil, 210 f.

Die Wahrheit des eigenen Lebens entdecken

Je weniger jemand mit sich im reinen ist, desto mehr wird er bestrebt sein, vor sich davon zu laufen. Daher sieht man allenthalben gerade die innerlich Zerrissen-

sten und mit sich am meisten Unzufriedenen damit be-
faßt, die Umstände, *in* denen sie leben, und die
Menschen, *mit* denen sie leben, als reformbedürftig hinzustellen und Pläne zur Änderung des bestehenden und
für sie so unerträglichen „Systems" zu erarbeiten. Etwas
nennenswert Positives ist dabei auf lange Sicht noch nie
herausgekommen, ähnelt doch dieses Verfahren auf ver-
zweifelte Weise einem Schwarzer-Peter-Spiel, in dem die
Verliererkarte stets nur weitergereicht, niemals aber
wirklich aus dem Verkehr gezogen wird. Wer ernsthaft
bemüht ist, irgendein Problem des menschlichen Lebens
zu entwirren, kommt nicht umhin, statt beim anderen,
bei sich selber anzufangen und dort, im eigenen Herzen,
nach dem Rechten zu schauen (vgl. Mt 7, 3–5); und umgekehrt: nur derjenige wird etwas Rechtes zu sagen haben, der gelernt hat, in sich selbst ein wenig Ordnung zu
schaffen.

Das Allerschwierigste in unserem Leben ist daher zugleich das Allernötigste: die Flucht zu anderen aufzugeben und den unerbittlichen, den schrecklichen Moment
der Einsamkeit zu akzeptieren, in dem es allein möglich
ist, sich ohne Verstellungen und Ablenkungen von Angesicht zu Angesicht gegenüber zu treten. Um die Wahrheit des eigenen Lebens kennenzulernen, müssen die
fremden Stimmen zum Schweigen gebracht werden.
Nicht was die anderen meinen und raten, loben und ta-
deln, sondern was wirklich in uns liegt, entscheidet.

Das Markusevangelium, 1. Teil, 142 f.

Gefangen in der Selbstverachtung

*E*s gibt ein gewisses Maß der Selbstverachtung, an dem es subjektiv fast schon wie eine Pflicht erscheint, sich so schändlich wie möglich zu machen. Die Enttäuschung über die Unerreichbarkeit der eigenen Größe nötigt zu einer Verzweiflung aus Schwäche und führt zu dem resignierten Versuch, sich fortan in Selbstmitleid und Wehmut einzupökeln. Von den anderen Menschen ist nichts mehr zu erhoffen – wie sollten sie auch Mitleid haben mit solch einem Elenden und Haltlosen, mit einem Menschen, der sich selbst verloren hat und selbst verloren gibt? Und so klammert sich der Süchtige an ein totes Ding wie einen Fetisch, als besäße es die Macht, das verlorene Leben anstelle der Menschen zurückzuschenken oder doch wenigstens vor dem Anblick der anderen Menschen und am meisten vor der eigenen Erbärmlichkeit zu schützen. Schon sehr bald schließt sich auf diese Weise der Teufelskreis, und aus dem Hilfsmittel gegen die eigene Selbstverachtung wird nach und nach die Hauptursache immer größerer Abhängigkeiten, Doppelbödigkeiten und einer nicht endenden Kette erniedrigender Niedrigkeiten. An die Stelle menschlichen Kontaktes tritt der Selbstgenuß des Rausches, und die Augenblicke trunkener Selbstvergessenheit, die das Gefühl des Selbstekels ersticken sollen, dienen in Wahrheit nur dazu, das Lastgewicht der eigenen Jämmerlichkeit bis zum Unerträglichen zu vermehren. Das Eigentliche ist unsichtbar, 26 f.

Wie sich die Angst beruhigen läßt

Die entscheidende Frage ist nicht, wie die Menschen gegen die Erfahrung ihrer Nichtigkeit, gegen den Selbsthaß purer Bedeutungslosigkeit, gegen die Gestaltlosigkeit des Staubes mit aller Anstrengung sich ihr eigenes Portrait, eine feste Struktur, ein gewisses Maß an Wert und Würde verleihen können; die entscheidende Frage lautet vielmehr, wie die Menschen ihre Angst vor der Nichtigkeit durch ein tieferes Vertrauen in die Berechtigung ihres Daseins überwinden und zu dem ruhigen Maß ihres Wesens zurückfinden können. Nicht der asketische Terror von Pflicht, Aktion, Verantwortung und Opfer bringt den „wahren" Menschen hervor, im Gegenteil: die Ideologie des „Übermenschen", des „Menschgottes", des „Dädalus" hat sich in unserem Jahrhundert schlimmer widerlegt als jede andere. Keinerlei Zwang und Gewalt vermögen vor Selbsthaß und Ekel zu retten, und sie befreien niemals von dem latenten Zynismus aller prometheischen Versuche, eine neuen, angeblich besseren, größeren Menschen aus sich selbst und den anderen hervorzubringen. Im Prinzip ist dies die einzige wirklich entscheidende Frage des menschlichen Daseins: wie sich die Angst beruhigen läßt, nach einem Wort der Bibel „nur" „Staub" zu sein Gen (3, 19). Solange man die Hände, die den Ton geformt haben, fürchten muß wie etwas Umklammerndes und Erwürgendes, wird man alle Kraft darein setzen, von diesen Händen frei zu werden; bis zum äußersten wird man die drohende Abhängigkeit zu fliehen suchen und sich um so mehr die Forderung auferlegen, ein eigenes Bild von sich selbst zu entwerfen. Aus Angst vor der fremden Verformung und aus Haß auf sich selbst in der Gestalt einer willenlos-amorphen Knet-

masse wird man sich anstrengen müssen, mit hohem
Überdruck auf sich selbst den wertlosen Kohlenstaub der
Existenz zur Kostbarkeit eines Diamanten umzupressen.

Das Eigentliche ist unsichtbar, 117

Im Einklang sein

Alles auf unserem Lebensweg sieht ja so zufällig und
menschlich, allzumenschlich aus; vieles erscheint
darin so nichtig, leer und sinnlos-schmerzhaft. Aber darauf kommt alles an: daß sich uns in all dem, was gewesen
ist, am Ende die Augen öffnen für die geheime Führung
Gottes, die uns in allem unvermerkt begleitet hat. Wir
können diese Einsicht nicht ins vorhinein gewinnen –
nach vorne geht es scheinbar nur um unsere eigenen
Pläne; aber doch können wir von Fall zu Fall in uns die
Stimmen hören, die zu uns wie ein guter Freund weisend
und lenkend redet; und indem wir die Angst besiegen,
die uns an jeder Stelle neu den Lebensweg verstellt, werden wir bis ans Ziel, bis hin zur Einsicht Gottes kommen.
Dann werden wir im Einklang mit uns selber sein, und
unser eigenes Zuhause verwandelt sich in den Ort, da
sich Gottes „Engel", Gott als Heiland, in der Kraft des eigenen Wesens zu erkennen gibt.

Voller Erbarmen rettet er uns, 56

Bilder, die den Weg weisen

Wie hell müssen die Augen eines Menschen leuchten vor Glück, ehe sie in der Dunkelheit der
Nacht den Widerschein des Himmels über sich erstrah-

len sehen? – Es ist aber allein der Traum der Liebe, der die Augen eines Menschen strahlend macht.

Und wie erfüllt von Freude muß das Herz eines Menschen sein, ehe es selbst so einschwingt in die Harmonie des Alls, daß es das Wehen des Windes vernimmt als den Gesang von Engeln? – Es ist aber allein der Traum der Liebe, der das Herz eines Menschen singend macht.

Und wieviel Glück muß in der Seele eines Menschen wohnen, ehe ihm danach wird, die ganze Welt segnen zu mögen und als Segen zu erfahren, als eine Stätte des Friedens und der Einvernahme des Herzens? – Es ist aber allein der Traum der Liebe, der uns lehrt, das Leben als Geschenk zu nehmen und uns selber zu betrachten als etwas von Gott selbst Gesegnetes. Doch diese wunderbare Fähigkeit besitzen wir, einander so ins Herz zu schließen, daß wir noch einmal, wie von vorn, zur Welt geboren werden, so daß alles, was wesensursprünglich in uns angelegt ist, zum Leben zugelassen wird. Wenn wir Menschen selber zu Träumenden werden, begegnen wir dem Zauber dieses neuen Lebens am tiefsten. Wenn die Härte der äußeren Wirklichkeit in Dunkelheit und Kälte vielleicht am meisten jeglicher Hoffnung widerspricht, redet Gott am deutlichsten in unserem Herzen. Es ist, wie wenn seit Urtagen Gott unserer Seele Bilder mit auf den Weg gegeben hätte, die stark und sanft und zauberhaft genug sind, um uns in ihren Bann zu ziehen und uns den rechten Weg zu weisen – hinüber nach „Bethlehem". Denn es gilt, *diese Welt* mit den Augen von Engeln zu sehen, fähig, inmitten menschlichen Leids, inmitten menschlichen Elends die göttliche Gestalt zu erkennen und ihren Leib, ihr Wachstum, ihre reifende Vollendung wahrzunehmen.

Dein Name ist wie der Geschmack des Lebens, 104

Lebensrettender Neuanfang

*D*as Symbol eines Kindes ist als Bild des Lebens innerhalb dann notwendig, wenn das, wovon man erlöst
werden muß, gerade in einem zwanghaften Großsein-
wollen besteht. Wenn man mit der ständigen Forderung,
nur ganz erwachsen, ganz fertig, ganz ausgereift, ganz
vollkommen sein zu dürfen, schlechthin nicht mehr leben kann, dann verdichtet sich Tag um Tag der Wunsch,
es möchte entweder möglichst bald alles vorbei sein, oder
es möchte buchstäblich alles noch einmal beginnen dürfen. „Kannst Du nicht", fragt uns die Traumgestalt des
Erlöserkindes, „einmal den Mut bekommen, zu denken,
Du wärest auch ohne Leistung und Arbeit berechtigt zu
leben? Kannst Du nicht denken, Du selber, Deine Person,
wäre liebenswürdiger und wertvoller als Deine vorweis-
baren Taten? Kannst Du Dir nicht einfach einmal gestat-
ten, an etwas anderes zu denken als daran, was Du tun
mußt und was Du zu machen hast? Kannst Du nicht einmal Dich dem Empfinden überlassen, daß Du berechtigt
bist zu sein?"

So lebt ja doch ein Kind, und so fragt es schon durch
sein bloßes Dasein. Ein Kind kann nicht für seine Tüchtigkeit und seine Leistung leben, es kann ja noch gar
nichts, es tut noch gar nichts Nützliches. Ein Kind kann
man nicht dafür lieben, daß es etwas Besonderes besäße
oder vorzuzeigen hätte. Man muß es schon, wenn man es
lieben will, um seiner selbst willen lieben. Das ist das
ganze Geheimnis des Kindes: daß es uns durch sein bloßes Dasein nötigt, es zu lieben, und daß es davon lebt, für
„nichts" geliebt zu werden. Darin, daß wir so von uns selber dächten, läge unsere Erlösung: gratis zu leben. Das
Wachsen dieses Kindes in uns setzt die Kunst voraus, ein

inneres, spontanes Leben in uns selber überhaupt erst wahrzunehmen, innere Regungen, Stimmungen, Wünsche und Empfindungen zu bemerken und sie nicht sofort unter einem fertigen Vorweg-Programm eigener Planungen totzuwalzen. Wenn wir die Sprache unseres Körpers, unserer Träume, unserer unbewußten Reaktionen verstehen und in jedem Falle das „innere" Leben, das, was in uns steckt, für wichtiger halten als alles, was sich außen abspielt.

Sich auszudenken, wie ein solcher lebensrettender Neuanfang eingeleitet werden könnte, vermag kein Mensch. Der eigene Verstand und Wille sind es ja, die so verkrampft nach oben streben wollten. Für sie ist solch ein neues, kindliches Dasein von vornherein undenkbar und nach den ehernen Gesetzen der Natur auch überhaupt nicht möglich. Unser ursprüngliches Empfinden wird angesichts all dessen, was sich „in uns" rührt und leben will, einen gewaltigen Schrecken bekommen. Es wird uns als etwas Illegitimes erscheinen, das nicht hätte zum Leben zugelassen werden dürfen; und folgen wir unserer bewußten Einstellung, so werden wir es bald verwünschen. Die Neigungen, die sich da melden, kommen uns unvernünftig und zwecklos vor, wenn nicht geradezu unmoralisch und verwerflich; die Wünsche, die sich da in uns melden, muten uns sonderbar und oft geradezu widersinnig an. Wir haben tausend Einwände dagegen: daß sich das nicht gehört; daß wir uns vor den anderen lächerlich machen damit; daß wir damit etwas Unnützes tun; daß wir uns am Ende gar blamieren, wenn „das" „rauskommt" und wir das „rauslassen", was da in uns lebt; daß wir fürchten müssen, uns damit geradezu schuldig zu machen usw. Es stimmt ja: die zwei Stunden, die wir uns gönnen, ein Buch zu lesen oder Musik zu hören oder spazierenzugehen oder den Hund verwöhnen – für diese zwei Stunden gibt es keine Entschuldigung; gemessen an den Vorstellungen von Pflicht und Leistung sind diese zwei Stunden unverantwortbar; und solange wir erwachsen bleiben wollen, müssen wir derartige „kindische" Dinge verwerfen.

Das Symbol des jungfräulichen Kindes besagt nicht „infantil". „Kindlich" ist eine Haltung, die sich getraut, spontan und spielerisch, zweckfrei und ohne ewige Berechnung dazusein. Was uns Zukunft gibt, 45 f.

Jenseits der Moral

Was verboten ist

*E*s mag viele kleine und große Übel in unserem menschlichen Herzen geben und vieles, das aus Gedankenlosigkeit, Nachlässigkeit, Unwissenheit, vielleicht auch aus bösem Willen – aber was ist das? – herrührt. Kein Unheil indessen wütet in der menschlichen Geschichte so dämonisch, so furchtbar und so grausam wie der fanatische Wille zum bedingungslos Guten, wie dieses Bestreben, die menschliche Geschichte und nach Möglichkeit die ganze Natur von allem Negativen, von jedem Schatten, von jedem Unheil reinzufegen. Dieser Einstellung der „gefallenen Engel", der an der Welt bis zur Unerträglichkeit Leidenden, verdanken wir die Revolutionen, die heiligen Kriege, die Razzien, die Ausrottungen, die furchtbare Blutmühle der Ideologen. Im Namen der Reinheit wurden und werden noch heute die Inquisitionen geführt, die Säuberungsaktionen geleitet und die schlimmsten Unbarmherzigkeiten begangen – mit reinem Gewissen.

Nicht nur im Großen verhält sich dies so; schlimmer und schrecklicher ist es im Grunde noch, immer wieder mitansehen zu müssen, wo man Menschen nötigt, in dieser Weise mit sich selber umzugehen: Wir müßten das Böse *unterdrücken*, uns selber *beherrschen*, wird dürften keinen Tag verstreichen lassen, an dem wir nicht gegen das wuchernde Unkraut der Seele ins Feld und zu Felde zögen. Es zählt zu den wirklichen Tragödien des Lebens, daß die Moralisten das Unkraut-Ex in der Tat so rasch ihre handfesten Erfolge vorzuweisen wissen. Man braucht einem Kind nur klar genug zu sagen, was verboten ist, was es zu lassen und was es zu hassen hat, wofür es auf die Finger oder auf den Hintern geschlagen werden wird, und schon hat man seine Ruhe; man hat recht bald, was man sich wünscht: ein gehorsames, ein gutes, ein anständiges, ein ordentliches Kind. Das Rezept funktioniert, es erweist sich als praktisch und erfolgreich, und immer erst zu spät erkennt man die Langzeitwirkung aller Unkrautvertilgungsmittel: daß von einem bestimmten Übermaß an der Boden sich verweigert und völlig unfruchtbar wird. Er hat am Ende so viel Gift in sich gesammelt, daß nichts in ihm gedeihen kann. Auf einem solchen Boden rührt sich schließlich nichts mehr, nichts Gutes und nichts Böses.

Dies ist die wahre Wirkung derer, die unmittelbar und gradlinig, vernünftig und konsequent, wie sie meinen, die Reinheit des Guten verordnen. Sie zerstören alles. Sie werden niemals oder immer erst zu spät begreifen, daß es diese reine Welt, die sie erhoffen, nicht gibt, sondern nur diese von Gott geschaffene Wirklichkeit aus Hell und Dunkel mit dem ganzen Spektrum des bunten, farbigen Bandes zwischen Schwarz und Weiß, mit all dem Schillern der Übergänge und all den Zweideutigkeiten des oszillierenden Lichts. Wann werden wir lernen, die Einteilungen zwischen Nutzkraut und Unkraut überhaupt aufzugeben und den Mut zu gewinnen, in der Welt Gottes nichts mehr zu verleugnen?

Was uns Zukunft gibt, 106 f.

Das Tragische im Innersten der Schöpfung

*E*s geht den Menschen in bezug zu den moralischen Anforderungen ihres Schicksals nicht sehr viel anders als Mücken, die an einem Sommernachmittag über einem Flußlauf „spielen": Ein leichter Winddruck genügt, und sie geraten tödlich in das ihnen feindliche Element des Wassers; ihr verzweifelter Kampf mag minutenlang dauern – sie werden bald schon schwächer werden, und die nächste Welle bereits wird sie überschwemmen. Es gibt durchaus keine „prästabilierte Harmonie" der Welt in dem Sinne, daß für jedes einzelne Lebewesen eine besondere, empirisch oder naturphilosophisch begründbare Vorsehung existieren würde, die in allen Lebenssituationen auf das vortrefflichste seinen individuellen Bedürfnissen und Erfordernissen zu dienen vermöchte. Die Harmonie der Welt kann nur die Harmonie des *Ganzen* sein, und wer dagegen das Glück des einzelnen, Mensch oder Tier, als eine absolute Größe reklamieren wollte, der müßte konsequenterweise in der Tat, wie Iwan Karamasoff, Gott die Eintrittskarte zum Dasein in einem metaphysischen Protest zurückgeben. De facto ist es schlechterdings unvermeidlich und gar nicht anders zu erwarten, als daß immer wieder, myriadenfach, einzelne Lebewesen in eine Umwelt verschlagen werden, deren Anforderungen und Bedingungen die Möglichkeiten ihres physischen wie seelischen Organismus überfordern; und ebenso erscheint es als schlechtweg unausweichlich, daß bereits durch die äußerlichen Bedingtheiten des Schicksals immer wieder Lebenssituationen für den einzelnen eintreten, die seine moralischen und charakterlichen Fähigkeiten bei weitem übersteigen. Irrtum, Unvermögen, klägliches Versagen und Verzweiflung sind die üblichen Erfahrungstitel dieser häufigsten Form des Tragischen, an der nicht mehr menschliche Schuld, sondern die Einrichtung der Welt, wenn überhaupt jemand, die Schuld trägt. Diese Form des Tragischen ist ein Teil der Schöpfung selbst, und sie ist zutiefst eine Tragik des Schöpfers. Eben deshalb fällt es der Religion so schwer, gerade diese Form des Tragischen zu akzeptieren. Das Christentum, statt in einer schlechten, weil heuchlerischen, Theodizee die Fragen des Hiob zu verdrängen und schließlich den Menschen zu seinem Unglück auch noch mit Vorwürfen zu überhäufen, sollte jedoch gerade um der Erlösung des Menschen willen anerkennen, daß es Schicksalsfügungen und Schicksalsschläge gibt, an denen Menschen unausweichlich scheitern müssen. Statt Gott von dieser Form des Tragischen im Innersten der Schöpfung reinzuwaschen, sollte es vielmehr seine so praktischen Einteilungen in Gut und Böse, Frei und Unfrei, Schuld und Reue gänzlich über Bord werfen und zu einer unmittelbaren Ehrfurcht vor dem menschlichen Leid zurückfinden.

Psychoanalyse und Moraltheologie, Bd. 1, 76 f.

Die Mächte des Unbewußten

*E*ine Frau z. B., die in ihrer *depressiven* Haltung 20 Jahre lang versucht hat, nur für ihren Gatten zu leben, ihm jeden Wunsch an den Augen abzulesen und ihm treu zu sein wie ein Hund, den man herrenlos und verjagt von der Straße aufgelesen hat – eine solche Frau, die bei jedem lauten Wort des Vorwurfs in panischen Schrecken ausbricht und sich selber für alles und jedes unvergebbarer Schuld zeiht, muß erleben, daß ihr Mann sich eines Tages von ihr trennen will, weil sie, wie er sagt, zu egoistisch, zur Liebe unfähig und zu besitzergreifend sei, daß ihre Kinder ihr vorwerfen, sie habe mit all ihrer Sorge nur eine Glaskugel der Abhängigkeit und Unfreiheit um sie errichtet, daß sie also mit all ihrem guten Willen offenbar alles falsch gemacht hat. – Die Mondgöttin

Medeia nennt man eine tragische Gestalt, die für ihren Geliebten, den Argonauten Jason, den Drachen verzauberte, der das goldene Vlies hütete; Medeia verließ mit Jason ihre Heimat Kolchis und tat für ihn alles: sie tötete auf der Flucht ihren Bruder Apsyrtos, um ihren Vater Aietes an der Verfolgung zu hindern; sie zerstückelte ihre Kinder beim Versuch, sie unsterblich zu machen; aber sie wurde (einer anderen Überlieferung zufolge) von Jason durch sein Verhältnis zu Kreusa so bitter enttäuscht, daß sie, die bedingungslos Liebende, sich in eine grenzenlos Hassende verwandelte: Sie schickte Kreusa ein Gewand und Diadem, das ihre Rivalin samt deren Vater verbrannte, und zerteilte dann ihre Kinder zur Rache an Jason. – Wenn *Medeia* darin tragisch ist, daß sie in ihrer Treue und Anhänglichkeit die Züge einer Mörderin und Menschenfresserin annimmt, wie sollte dann nicht das Schicksal jener Depressiven tragisch zu nennen sein, die gerade diese Verkehrung all ihrer Absichten und Mühen ins Verderbenbringende bis hin zu Vergiftung des Gatten, bis hin zur Zerstückelung der Kinder schicksalhaft und unabwendbar durchleiden muß?

Oder der *Zwangsneurotiker?* Man stelle sich einen Mann vor, der peinlich genau in seinem Arbeitsbereich tagaus tagein seinen Dienst zum vermeintlichen Wohle aller verrichtet, Sinnes, er werde einmal zum Lohn seiner Anstrengungen ein gerüttelt Maß an Wertschätzung und Anerkennung in Händen halten – und muß erleben, daß im Gegenteil die anderen ihn für seine perfekte Tüchtigkeit hassen und nur dem Augenblick entgegenfiebern, da er sich eines Fehlers, eines körperlichen Gebrechens zu erkennen gibt, um wie die Wölfe ihr Opfer zu hetzen und sich selbst an seine Stelle zu bringen. Geht es einem solchen nicht bitterer als dem phrygischen König Midas, der am Morgen die Götter um das anale Wunschgeschenk bat, sie möchten alles, was er berühre, in Gold verwandeln, und sie am Abend schon anflehte, den Fluch von ihm zu nehmen, weil er selber inmitten all seines erworbenen Reichtums nichts zum Leben fand? Die Neurose, das läßt sich behaupten, ist in ihrer ständigen *Verkehrung von Absicht und Ergebnis,* in ihrer ständigen Durchkreuzung des bewußten Wollens durch die Mächte des Unbewußten, eine einzige Tragödie, und umgekehrt taugt zum Verständnis der unheimlichen Wirkungsweise des Tragischen, wie sich jetzt zeigt, offenbar kein Instrumentarium besser als die Analyse der zwangsgesetzlichen Psychodynamik der Neurose.

Psychoanalyse und Moraltheologie, Bd. 1, 31 f.

Schuld am Scheitern?

Zunächst ist es äußerst schwierig, den Übergang von schicksalhafter Verstrickung zu moralisch verantwortbarer Schuld bei dem Scheitern einer Ehe festzulegen. Es kann sein, daß Eheleute sogar von sich selbst den Eindruck haben, daß eine bestimmte Tat, sagen wir ein Ehebruch oder eine länger dauernde Romance, ursächlich zur Zerrüttung der Ehe beigetragen habe und daß dafür mindestens der eine Partner die Schuld und Verantwortung trage. Gleichwohl ist dieser Eindruck trügerisch. Nicht an einzelnen Fakten und Ereignissen, sondern aufgrund ihres Wesens scheitern die Liebenden aneinander, und nur dann besitzt eine einzelne Tat die ungeheure Sprengkraft, die Leidenschaft der Zuneigung und die geduldig gezähmte Gewohnheit des Vertrauens wurzeltief zu zerstören, wenn sie wie im Brennglas zur

Manifestation der Fremdheit und des Unwesens des bisherigen Geliebten wird. Erst wenn ein einzelnes Verhalten zu dem bitteren Eindruck führt, sich in der Person des anderen gründlich getäuscht zu haben, und wenn diese *Enttäuschung* zudem noch die schmerzliche Erkenntnis vermittelt, daß jene Tat für die wahre Persönlichkeit des anderen, wie sie nunmehr in Erscheinung tritt, geradezu charakteristisch und offensichtlich für ihn typisch sei – dann erst wird eine einzelne „Schuld" eine bestehende Liebe oder Freundschaft zer- oder verstören können. Es gibt Handlungen, bei denen man nicht mehr versteht, wie ein anderer so handeln konnte, wie er gehandelt hat, und die oft genug schon ihm selber wie ein unbegreifbares opus alienum erscheinen; solche völlig unverständlichen, d. h. nur unter der Voraussetzung einer völlig anderen Persönlichkeit als der des bisher Geliebten zu verstehenden Handlungen können als „Schuld" eine Ehe zerstören. Wenn es an solchen Handlungen indessen etwas zu „bereuen" oder „wiedergutzumachen" gibt, dann ist es zunächst nicht die einzelne Tat, sondern die Tatsache, so zu sein, wie man ist; die Tatsache des eigenen Wesens aber kann man nicht ändern, man kann nur mit ihr leben lernen, und es ist schwer zu sagen, wo die Schicksalsmacht des eigenen Charakters und der eigenen Art sich zum Freiraum persönlicher Entscheidung öffnet.

Psychoanalyse und Moraltheologie, Bd. 2, 116 f.

Treue

Treue ist eine Haltung, die aus der Liebe erwächst; sie ist nicht die Grundlage, sondern eine Folge der Liebe; will man also die Krise einer Liebe mit dem Befehl der Treue meistern, so verabsolutiert man damit eine Erscheinungsform der Liebe zu deren Inbegriff ohne Rücksicht darauf, unter welchen Voraussetzungen die Liebe entstehen und bestehen kann; der Begriff der Treue wird dann zu einem Wert an sich erklärt, der jede weitere Reflexion und Analyse über die Motive, weswegen Eheleute beieinander bleiben oder auseinander gehen, erübrigt und offensichtlich sogar ganz bewußt ausschalten soll. Für alle Ehepartner, die sich endgültig zu einer Trennung voneinander gezwungen sehen, weil ihre Liebe zerstört ist, oder weil sie, vielleicht nach langen Jahren, die Entdeckung machen müssen, daß sie sich eigentlich niemals richtig geliebt haben, hat die Kirche stets nur dieses eine und einzige Wort bereit, um einen solchen Vorgang zu kennzeichnen: Solche Eheleute seien einander „untreu", sie brächen ihr sakramentales Versprechen, ja sie lebten im Zustand der schweren Sünde vor Gott, wenn sie ihre Trennung ein für alle mal aufrecht erhalten wollten und nach einer neuen Form der Bindung Ausschau hielten.

Noch viel eindeutiger fällt die moraltheologische und kirchenrechtliche Wertung in all den Fällen aus, wo jemand in eine schon bestehende Ehe von außen eindringt und womöglich auf lange Zeit hin ein Liebesverhältnis neben der Ehe zu einem anderen Partner unterhält; hier steht die kirchliche Jurisprudenz noch weit fassungsloser vor dem Phänomen der „Untreue", das sie, gemäß ihrer Barmherzigkeit, wohl vergeben wird, wenn der Sünder sein Handeln bereut, aber das sie doch kraft göttlichen

Rechtes und Gebotes, in der Bindung an die unbedingte Treue zu dem Wort des Herrn, entschieden ahnden zu müssen glaubt, wissend freilich, daß in der Geschichte der Menschen noch selten jemand eine wirkliche Liebe zu „bereuen" oder gar durch „Reue" zu zerstören vermocht hätte.

Wie ungeheuer selbstzufrieden, ungerecht und pauschal die Reduktion eines in jedem Einzelfall außerordentlich komplizierten Problems wie das einer Ehescheidung auf einen einzigen Wertbegriff (der Treue oder Untreue) wirken muß, wird man sogleich ersehen, wenn man sich auch nur einen Augenblick lang vor Augen hält, zu welch einem moralischen Amoklauf eine solche Lehre in ihrer rigorosen Form auffordert. Dichter aller Zeiten und Zonen haben sich die größte Mühe gegeben, ehrlich und sorgfältig den Regungen und Verwicklungen des menschlichen Herzens nachzugehen. Sie haben so wundervolle und wundersame Gestalten überliefert oder ersonnen wie Jason und Medea, Theseus und Ariadne, Aeneas und Dido, Tristan und Isolde, Lancelot du Lac und Ginevra; und in allen diesen Gestalten haben sie geschildert, wie mächtig und unbezwingbar die Liebe ist, wie vielfältig in ihren Auswirkungen und Motiven, und wie oft sie in dieser Welt zum Scheitern verurteilt ist. Sollte wirklich jemand die Stirn haben, all diese Beispiele der Liebe, wie er nach kirchlicher Lehre wohl müßte, für eheliche Untreue, für Unmoral, Ehebruch und schwere Sünde zu erklären! Und wenn er ein solches Urteil in der schöngeistigen Literatur schon nicht wagen kann, ohne sich den Vorwurf einzuhandeln, daß er offenkundig sich selbst als einen Banausen und gefühlsrohen Fanatikern zu erkennen gibt – wie denn wollte er sich in der Beurteilung des wirklichen Lebens eines solchen Urteils vermes-

sen, ohne daß man ihn nicht weit mehr noch als einen
Mann bezeichnen müßte, der sich weigert, die Gefühle
von Menschen zu verstehen oder auch nur ernst zu nehmen.

Man rühmt z. B. die Odyssee des Homer als das große
Epos der Gattenliebe. Aber hat nicht der Grieche Odys-
seus sein Bild von der Frau erst stufenweise läutern müssen, ehe er zu seiner Gattin Penelope zurückfand? Auf
seinen Irrwegen jedenfalls erschien ihm die Gestalt der
Frau zunächst als versucherische und Zwietracht stif-
tende Helena, als gesangsbetäubende Sirene, als zauberi-
sche Kirke, welche die Macht besaß, Männer in Schweine
zu verwandeln, als wohlgelockte und liebliche Nymphe
Kalypso im Paradies ihrer Höhle – und als rettende Ino,
die dem Schiffbrüchigen ihr Zauberband um die Brust
schlang, daß es ihn sicher ans Festland trug; es war bereits
ein endloser Weg der Gefahren und Irrungen, ehe Odys-
seus als Schiffbrüchiger des morgens nackt der ver-
schreckten Phäakentochter Nausikaa entgegenzutreten
vermochte, und danach erst war er imstande, zu der ge-
treuen Gattin zurückzufinden. Wieviele Ehen sind nicht
eine solche Odyssee des langen Weges zur Liebe, und wer
wollte gegen den Willen der Götter und unter Strafe und
Schuld befehlen, daß es entweder überhaupt keinen oder
nur einen gradlinigen und stets im Sinne der Moral und
des Rechts „erfolgreichen" Entwicklungsweg der Liebe
geben dürfe? Will man im Ernst Goethe einen Konkubi-
nisten und Hermann Hesse einen Ehebrecher und in
schwerer Sünde Lebenden nennen? Will man die „Leiden
des jungen Werther" und die Nöte des seiner Ehe müden
„Klein" in H. Hesses Novelle „Klein und Wagner" als Folgen bloßer Unmoral brandmarken? Ja, wie will man eigentlich solche Wertungen durchhalten?

Man kann, wie es geschieht, sich eisern auf das sogenannte Wort Gottes berufen, wonach der Mensch nicht trennen darf, was Gott verbunden hat; dann muß man das Zusammenleben in der Ehe selbst für den höchsten Wert der Ehe ausgeben und mit dieser Einstellung in Kauf nehmen, daß die Form der Ehe – das Ergebnis der Liebe – wichtiger wird als die Liebe selbst; man muß akzeptieren, daß ein solches Verständnis von Treue sich schließlich sogar gegen vieles richtet, was zur Liebe selbst gehört: Phantasie, Erotik, Erfahrungsreichtum, Intensität des Gefühls, Ehrlichkeit und innere Freiheit – all dies muß dann im Namen Gottes und der Kirche als zu gefährlich ausgeklammert bleiben; zur „Pflicht" hingegen muß die „Treue" um jeden Preis erhoben werden, obschon man sehr klar wissen könnte, daß eine äußere „Treue" des Zusammenlebens sich aus mancherlei Haltungen ergeben kann, die mit Liebe und dauerhafter Bindung im Inneren nicht das Geringste zu tun haben, wohl aber z. B. mit Bewegungslosigkeit, Starre, Herzensarmut, Faulheit und vor allem mit einer vollkommen kindlichen Einstellung gegenüber einem von Kirche und Elternhaus mustergültig großgezogenen sadistischen Überich. Insbesondere muß man in einer solchen Einstellung theologisch hinnehmen, daß das Wort Gottes immer wieder in einer Weise auf Einzelfälle bezogen werden muß, die man nur als unmenschlich und bar jeden gesunden Menschenverstandes bezeichnen kann – ein Widerspruch von Menschlichkeit und Göttlichkeit des Wortes Gottes, der einer vernünftigen Inkarnationstheologie geradewegs Hohn spricht.

Man kann aber auch den eklatanten Widerspruch zwischen dem Wortlaut eines Bibelwortes und der Härte der Lebenswirklichkeit als einen Hinweis dafür nehmen, daß ein bestimmtes Gotteswort in seiner Verbindlichkeit doch wohl noch nicht genügend tief verstanden worden ist, wenn es zu Folgerungen führt, deren Wirkung nach allem menschlichen Empfinden grausam und ungerecht ist. Psychoanalyse und Moraltheologie, Bd. 2, 80 f.

Vor der Härte des Gesetzes

Die Kirche mag sich selber als das Gottesvolk des Neuen Bundes, als eine Gemeinschaft von Menschen verstehen, in welcher insbesondere in Gestalt der Sakramente die Gegenwart Gottes quer durch das ganze Menschenleben erneut sichtbar und wirksam werde; sie mag vor allem auch die Ehe als eine solche Rückkehr zu der von Gott gemeinten ursprünglichen Ordnung Gottes verstehen – und man wird ihr dabei zustimmen müssen; denn wo, wenn nicht in der Liebe, erschiene einem Menschen sonst die Welt und sein eigenes Leben wie neugeboren; und wo, wenn nicht in der Liebe, begänne alles von neuem wie am Schöpfungsmorgen mit ihm ein zärtliches, einander suchendes, verstehendes Gespräch? Nur: wer einer solchen paradiesischen Sicht der Liebe zustimmt, der muß zugleich die Radikalität begreifen, mit der Christus die Liebe unter Menschen von Gott her zu heilen sucht. Undenkbar, daß es in der Einheit mit Gott so etwas wie moralische oder gar gesetzliche Vorschriften gegeben hätte oder geben könnte! Das Paradies liegt gerade darin, daß ein Mensch so sehr im Ursprung seines Daseins ruht, daß er die Ordnung seines Herzens, seines Wesens wie etwas absolut Verläßlichen und völlig Selbstverständliches fühlt und befolgt. Gebote und Gesetze werden erst jenseits des Paradieses, für die verbann-

ten Kinder Evas, notwendig: Erst der lauernden Mord-
lust Kains muß Gott entgegenhalten, daß er das Böse vor
der Türe seines Herzens bezwingen soll – und selbst die
Weisung Gottes kommt, als moralische Aufforderung,
jenseits von Eden zu spät, um das Gefühl der Unterlegenheit und Konkurrenz in Kain zu unterdrücken. Die
Liebe als Sakrament in die Ordnung des Paradieses zurückzuführen – das heißt zugleich, ihr die absolute
Unschuld und Freiheit jenseits allen Zwangs, aller „Moral" und aller Rechtsvorschriften zurückzugeben. Wer es
für nötig hält, moralische Statuten und gesetzlich-insti-
tutionelle Vorschriften über die Ehe zu erheben, der hat
nicht mehr die Ehe des Paradieses, die Ehe als Sakrament, als Ausdruck der vollkommenen Geborgenheit in
Gott vor Augen, der bezieht sich auf die Ehe gefallener
Menschen, deren Grundgefühl nicht von Vertrauen,
sondern von Angst, nicht von Geborgenheit, sondern
Verlorenheit, nicht von Berechtigung und Schutz, sondern von Ausgestoßenheit und Heimatlosigkeit geprägt
ist. Für derartige Menschen muß es zweifellos Gesetze
und Vorschriften geben; aber es ist gegen alle theologische und psychologische Einsicht, von solchen Menschen im Rahmen von Gesetz und Vorschrift die
Ewigkeit und Unverbrüchlichkeit der Liebe zu *verlangen.* Das eine schließt das andere aus. Die Wiedererinne-
rung an die Paradiesordnung in puncto Ehe ist im
Munde Jesu folglich nicht anders zu verstehen als die
Weisungen der Bergpredigt sonst, z. B. die Weisung, das
Schwören dranzugeben: Es ist der Versuch, von Gott her
in ein Vertrauen einzutreten, das keinerlei institutio-
nelle Absicherungen mehr braucht; wo Institution,
Recht und Gebot, da ist der Boden der Unerschütterlich-
keit bereits von Angst soweit zersetzt, daß nichts von

Dauer mehr darauf gegründet werden kann. Die Kirche kann nicht gegen das Wort Jesu auf der einen Seite zum Beispiel zum Eid und zur Institution verpflichten und mithin in ihrer eigenen Ordnung die Realität der Angst und des Mißtrauens voraussetzen, und im gleichen Atemzug auf der anderen Seite die Unauflöslichkeit der Ehe fordern – es sei denn sie wollte den Eindruck befestigen, daß sie in allen Punkten, die auch Kleriker betreffen, die Jesus-Worte der Bergpredigt für gefallene und sündige Menschen auszulegen verstände und nur diesen einen nicht-klerikalen Fall der Ehe in der vollen Härte des Gesetzes festzuschreiben beliebte.

Psychoanalyse und Moraltheologie, Bd. 2, 106 f.

Was vor Gott geschlossen ist ...

*E*in Eheabschluß kann moralisch und kirchenrechtlich durchaus unbedenklich erscheinen und ist doch ungültig im Sinne der alten Bestimmungen über die Ehehindernisse von Furcht und Gewalt, von Irrtum der Person und der Unfähigkeit, „zusammenzukommen", vorausgesetzt, man nimmt diese Bestimmungen innerlich statt in platter Äußerlichkeit. In solchen Fällen, müssen wir jetzt sagen, wird u. U. eine Ehe, die in bürgerlichem Sinne und womöglich auch mit dem Segen der Kirche geschlossen wurde, nach theologischem Maßstab gar nicht erst zustandekommen, und wenn sie eines Tages geschieden werden muß, so liegt hier *theologisch* gleichwohl keine eigentliche Ehescheidung vor. Anders als das bürgerliche Gesetzbuch, das eine Reihe äußerer Festsetzungen einer gültigen Eheschließung kennt, existiert für die Theologie nur ein einziges wesentliches Kriterium für das Zustandekommen einer Ehe als Sakrament: die Voraussetzung des Glaubens. Wenn sich nun aber zeigt, daß der Glaube weder den Eheleuten selbst noch den Umstehenden eindeutig feststehen kann, wenn es Formen der Angst, der Abhängigkeit und Unfreiheit gibt, die dem einzelnen selbst unbewußt sind, obwohl sie ihn doch wesentlich mitbestimmen, so ist deutlich, daß die Theologie sich gerade umgekehrt zur Ehe stellen muß wie die bürgerliche Gesetzgebung und Moral. Im bürgerlichen Sinne ist die Ehe grundsätzlich auflösbar, aber ihr Zustandekommen ist nach eindeutigen Kriterien feststellbar; in theologischer Betrachtung ist die Ehe grundsätzlich unauflöslich, aber ihr Zustandekommen ist ein Geheimnis, das allein in dem Verhältnis zwischen Mensch und Gott begründet liegt und das keine äußeren Kriterien zuläßt. Keinerlei Rechtsfiktionen oder Rechtssanktionen können an dieser Ungewißheit vorbeitäuschen: Es ist nicht endgültig feststellbar, ob zwei Menschen, die sich das Sakrament der Ehe versprechen, es auch wirklich empfangen; es ist im Einzelfall nicht klar, „was Gott geschlossen hat" und was bindend und trennend vom Menschen her in die Beziehung eindringt. Lediglich läßt sich – ähnlich wie im Ratschlag des Gamaliel (Apg 5, 34–39) – präsumieren, daß etwas, das Gott geschlossen hat, sich in der Tat gerade an seiner Unzerstörbarkeit zeigen wird. Das, was aus dem Glauben wesenhaft folgt, ist somit das einzige Erkenntnismittel, um festzustellen, daß zwischen Menschen Gott am Werke ist; und umgekehrt wird das Scheitern einer Ehe wahrscheinlich ein Hinweis darauf sein, daß hier etwas geschlossen wurde, das nicht von Gott war.

Es gilt also in der Lehre von der Unauflöslichkeit der Ehe zu vermeiden, daß ein essentielles Gesetz und Krite-

rium des Glaubens zu einem glaubenslosen Moralgesetz
entartet. Psychoanalyse und Moraltheologie, Bd. 2, 75 f.

Im Korsett der Institutionen

Wenn wir von „lieblosen" Ehen hören, regt sich
gleich unser moralisches Gewissen. Eheleute sind
verpflichtet, einander zu lieben und einander die Treue
zu halten, bis daß der Tod sie scheidet. Diese Regel
schärft man uns um so strenger ein, als man die vermeintliche Anarchie der Liebe fürchtet. Liest man manche Verlautbarungen zum Thema „Ehe", so hat man den
Eindruck, es werde ständig unterstellt, daß vor allem
„die" jungen Leute förmlich darauf brennen, ihr Liebesle-
ben so leichtsinnig und leichtfertig wie möglich einzurichten. Also ruft man nach dem Korsett der Institutionen und der sozialen Kontrollen, um der vermeintlichen
Willkür zu wehren. Man übersieht bei diesem altväterli-
chen Moralismus freilich gern, daß Ehen heute viel ris-
kierter zu sein pflegen als in vergangenen Zeiten. Man
heiratet nicht mehr vorwiegend nach dem Willen der Eltern, etwa um die Erbfolge eines Bauernhofes zu sichern
oder um die Gepflogenheiten eines bestimmten Standes
weiterzutradieren. In einer Welt, in der wir damit rechnen müssen, daß im Jahr 2050 sage und schreibe elf Milliarden Menschen diesen Planeten bewohnen, kann es
auch kein primäres Ziel mehr sein, möglichst viele Kinder in die Welt zu setzen, gewissermaßen als soziale Re-
serve gegen Alter und Krankheit, und es zeigt sich auch,
daß Kinder nicht sehr tauglich darin sind, als zusätzliches
Bindemittel einer an sich desolaten Ehe zu fungieren
oder zur Stabilisierung der eigenen Persönlichkeit herzu-

halten. Wenn das Zusammenleben zwischen Mann und Frau in einer Ehe heute Bestand haben soll, so vor allem aufgrund eines tiefen Gleichklangs der Gefühle und einer glücklichen Mischung aus Gemeinsamkeit und wechselseitiger Ergänzbarkeit der Personen.

Doch gerade die Kunst, immer von neuem die Bindung personaler Nähe durch den Austausch persönlicher Gefühle zu ermöglichen, die Kunst, in Wort und Gebärde einander so mitzuteilen, daß es uns immer tiefer miteinander verbindet, haben wir in unserer Kultur bis heute kaum gelernt. Die alte Gleichung, wonach Liebe gleich Sexualität, gleich Besitz, gleich Familie, gleich Erbfolge sei, existiert zwar in dieser Kraßheit wohl nicht mehr; aber noch haben wir keine Kultur der Freundschaft, der Poesie, der Zärtlichkeit entwickelt, in der die Liebe als kulturfähig erscheinen könnte. Im Gegenteil. Geradezu klassisch ist im Abendland die Aufspaltung geworden, die das Christentum im Mittelalter bereits fertig etabliert hatte. Im Neuen Testament wird Jesus als eine Person geschildert, die auf andere Menschen, Männer wie Frauen, einen so starken Einfluß ausübte, daß sie aus ihren Familien ausbrachen, um sich ihm anzuschließen. In der Geschichte des Christentums ist aus Angst vor der Triebkraft der Sexualität daraus ein Reglement geworden, das scheinbar zu der Alternative zwingt, entweder die Asexualität des Klerikerstandes zu wählen oder aber allein in der Ehe in erlaubter Form die Sexualität leben zu dürfen. Der Stand der Kleriker belohnte sich für seine Verzichte und Ängste jahrhundertelang durch die Privilegien des ersten Standes; die Eheleute aber wurden in ein System nicht endender moralischer Zwänge und Schuldgefühle eingesperrt. So ist die Ehe heute de facto zu dem einzigen Ort geworden, an dem man erlaubterweise die

Liebe lernen könnte, und damit kehrt die eigentliche Ordnung sich völlig um, denn die Ehe selber gründet sich wesentlich auf die Liebe. Wege in ein unentdecktes Land, 32 f.

Wenn eine Liebe stirbt ...

*E*in Mann, heute 36jährig, hat vor 12 Jahren eine Frau geheiratet, die durch ihr anlehnungsbedürftiges, gefügiges, schutzsuchendes Wesen seine Aufmerksamkeit, man kann auch sagen: sein Mitleid, ja in gewissem Sinne sogar seine Sympathie erregte. Um die Beziehung zwischen beiden zu verstehen, muß man vorausschicken, daß der Mann sich ursprünglich ein anderes Verhältnis als das des Helfers und Beschützers zu einer Frau gar nicht hätte erlauben oder auch nur vorstellen können. Er war der einzige Sohn einer früh verwitweten Mutter, die ihren ganzen Stolz darin setzte, aus dem Jungen etwas Rechtes zu machen. Mit all ihrem Ersparten hatte sie ihrem Kind eine höhere Schulausbildung ermöglicht, und ihr geheimer, obzwar nur allzu durchsichtiger Wunsch war es gewesen, ihren Sohn eines Tages als Priester am Altar zu sehen. Bei dem Heranwachsenden hatte diese Art der Mutterliebe allerdings nicht nur günstige Auswirkungen gezeitigt, vielmehr hatte sie dazu beigetragen, das gesamte Erleben des jungen Mannes in ständige Strafängste und Schuldgefühle sowie in außerordentliche Minderwertigkeitsgefühle zu tauchen. So sehr er sich auch in Schule und Beruf anstrengen und objektiv sogar zu gewissen Erfolgen gelangen mochte, so sehr betrachtete er sich doch als Versager – nichts Gutes war nach dem unbewußten Anspruch seiner Mutter gut genug und jede Freude eigentlich die Vorbotin des drohenden Gerichtes: Der

Tod lastete als ständige Gewißheit über dieser gesamten zwangsneurotisch zerrissenen Lebenseinstellung.

Die Frau ihrerseits hatte als eines von vielen Kindern einer Bauernfamilie zur Lebensausstattung nur gelernt, daß man durch willenlosen Gehorsam und prompte Anpassung sozusagen einen Rechtsanspruch auf eheliche Dauerversorgung erwirbt. Ihre geistige Regsamkeit beschränkte sich aufs Kartoffelschälen und Strümpfestopfen und auf die moralische Überzeugung, daß sexuelle Regungen schwer sündhaft sind. Nach etwa 10jähriger Dauer dieser Ehe, die im wesentlichen durch die Geburt zweier Kinder stabilisiert wurde, erkrankte die Frau an einer langwährenden Schizophrenie mit vorwiegend paranoischem Einschlag: Nachdem sie vergeblich versucht hatte, es auf ihre Weise den Geltungserfolgen ihres Mannes in der Öffentlichkeit gleichzutun, glaubte sie sich gewissen Attentaten durch Gift und Sprengstoff ausgesetzt und fühlte sich unter ständiger Kontrolle fremder Mächte. Bei ihrem Mann mußte dieser Gemütszustand natürlich die ohnehin vorhandene Ambivalenz gegenüber seiner Gattin noch verstärken: Einerseits empfand er ein noch gesteigertes Gefühl des Mitleids und der Verantwortung, andererseits zehrte die Dauerbelastung die letzten noch verbliebenen Reserven des Wohlwollens endgültig bei ihm auf. Obwohl auch bis dahin bereits an eine Reihe von sexuellen Ersatzhandlungen gewöhnt, begann er jetzt ernsthaft um den Bestand seiner Ehe zu fürchten. Voller Angst mied er geradezu alle sich bietenden Kontaktmöglichkeiten, die sich ihm sowohl beruflich als auch durch ein bestimmtes Freizeithobby jederzeit hätten bieten können – er fühlte seine innere Bedrohung viel zu stark, um nicht genügend gewarnt zu sein. Jedoch erhöhte gerade diese halb-freiwillige Klausur wiederum das Gefühl der Enge, ja des wachsenden Abscheus und der Verachtung gegenüber seiner Frau, und die Szenen häuften sich, in denen er seiner Gemahlin ihre Unselbständigkeit, Schwäche und Apathie geradewegs zum Vorwurf machte. Tatsächlich konnten die schizophrenen Angstzustände der Frau wohl durch den Einsatz von Psychopharmaka sediert werden, aber nur um den Preis noch weitergehender Einschränkungen im Vitalbereich, mit der Folge einer fast gänzlichen Antriebslosigkeit. In dieser Zeit nun geschah, was eines Tages unausweichlich geschehen mußte: Ein junges Mädchen, das eben erst sein Studium begonnen hatte, verliebte sich unsterblich in den 15 Jahre älteren Mann. Auch die Liebe dieses Mädchens hatte ihre unglückselige Vorgeschichte. Es entstammte einem äußerst strengen katholischen Elternhause, und mit allem guten Willen hatte vor allem das despotische Regiment des Vaters es schließlich dahin gebracht, daß die Tochter trotz eines pünktlichen sonntäglichen Meßbesuchs die Existenz eines Gottes überhaupt kategorisch in Frage stellte, nur um wenigstens geistig ein Stück Freiheit für sich selber in Anspruch nehmen zu können. Ihr Geliebter nun war für sie gerade aufgrund seiner fast zwanghaften Zuverlässigkeit und Korrektheit das rechte Gegenbild zu der väterlichen Autorität und verbietenden Strenge, und sie klammerte sich an ihn mit der Leidenschaft einer Verzweifelten. Er wiederum erfuhr zum ersten Mal in seinem Leben ein wirklich starkes Gefühl der Zuneigung und Liebe; alles, wonach er sich mehr als ein Dutzend Jahre lang gesehnt hatte: Austausch, Interesse, Gemeinsamkeit, ein Stück Romantik und Poesie, eine gewisse Seelenverwandtschaft wechselseitiger Ergänzung und nicht zuletzt ein intensives Begehren nach der zärtlichen

Nähe des anderen – Verlangen und Liebe, Trieb und Persönlichkeit schienen sich zum ersten Mal in ihm zu verbinden, und kataraktartig wurden beide von der Heftigkeit ihrer erwachenden und nie gelebten Gefühle überschwemmt. Vor allem erlebte der Mann erstmals, daß er imstande war, eine andere Frau durch seine Persönlichkeit rundum zu befriedigen und glücklich zu machen, und er konnte in dieser Liebesbeziehung gerade an dem Punkt anknüpfen, an dem seine eigene jugendliche Entwicklung durch die Heirat mit seiner Frau unterbrochen worden war.

Während beider Beziehungen sich also auf das vorteilhafteste zu ergänzen und wechselseitig zu steigern schienen, breitete sich gleichwohl ein Feld der Schuld aus, an dem beide trotz ihres Glücks intensivst zu leiden begannen. Zwar verlieh die Liebe ihnen kraftvolle Schwingen, um sich erstmals über die Beengtheiten ihres elterlichen Gewissens zu erheben – der Mann verlor zum ersten Mal seine Todesangst, und in dem Mädchen erwachte eine nie gekannte Lebenslust und Freude. Aber dem Glück beider stand nicht allein die erdrückende Moral des dörflichen Milieus sowie der bedenkliche Umstand entgegen, daß der Vater des Mädchens, aus gewissen Briefen über die wahren Gründe für das plötzliche Aufblühen seiner Tochter belehrt, mit brachialer Gewalt auf einen Abbruch der unglückselig-selig-glücklichen Beziehung drängte –, vor allem der Mann stand vor dem schier unlösbaren Problem, daß er die allmählich wieder erwachende psychische Genesung seiner Frau nicht durch einen Akt brutaler Härte, wie er durch ein ehrliches Eingeständnis seiner Lage unzweifelhaft entstanden wäre, von neuem aufs Spiel setzen durfte; die Liebe zu dem Mädchen aufzukündigen erschien ihm jedoch gleicher-

maßen unmöglich. Wohl daß er, die Jugend der Geliebten erwägend, sich für den Fall zu wappnen gedachte, daß
sie eines Tages seiner väterlichen Fürsorge entraten und
zu einer altersgemäßeren Verbindung drängen sollte; aber einstweilen sagte er sich mit Recht, daß nur ein star-
ker Rückhalt, wie er in seiner Person gelegen sei, sie zu
einer solchen Reifung vermögen könnte und er von daher geradewegs die Pflicht habe, an ihrer Seite zu bleiben,
freilich nur insgeheim, wie er wohl wußte, und das hieß:
täglich um den Preis der Lüge und Verstellung. Statt einer
Entscheidung stand ihm mithin ein Spiel um Zeitgewinn
ins Haus, das selbstredend die ohnehin verbitterten Beziehungen der alten Ehe noch durch die Nuance eines
geistreichen Zynismus weiter vergiften mußte – undenkbar, daß eine solche Ehe auf Dauer hätte halten können,
und es schien bereits viel, wo nicht alles gewonnen, wenn
sich die neue außereheliche Liebesbeziehung wenigstens
ca. fünf Jahre lang verheimlichen und aufrechterhalten
ließ, bis die Kinder erwachsen, die Studentin selbständig
und die Frau vielleicht von sich aus der Ehe überdrüssig
geworden wäre.

Wir wollen dem Leser die Neugier nicht nehmen, wie
die Geschichte ausging – er selber möge seine Phantasie
bemühen, sich dafür eine Lösung auszudenken; leicht-
hin wird er dann finden, daß kein Weg gangbar ist, der
sich mit den Begriffen einer äußeren Moral verbinden
läßt, und nur auf diesen Punkt kommt es uns an. Ganz
sonnenklar scheint die Schuld an dem Scheitern der Ehe
einzig auf den Schultern des Mannes zu ruhen, und der
Dorfklatsch, würde die Affäre ruchbar, zögerte gewiß
keinen Augenblick, um sich dieses Urteil zu eigen zu machen. Und dennoch ist es bei näherer Betrachtung kaum
möglich, selbst im Anfangsstadium, da die „schuldhafte"

Auflösung der Ehe eben erst beginnt, von wirklicher Schuld im Sinne der subjektiven Anrechenbarkeit und Vorwerfbarkeit zu sprechen. Wenn bereits feststeht, daß die Grenzen zwischen dem unbewußten Zwang der Übertragung mit den eigentümlichen Gesetzen ihrer Psychodynamik und dem vermeintlichen Spielraum von Freiheit und Verantwortbarkeit fließend sind, wer will den Richter im fremden oder auch nur im eigenen Leben sein? Es gibt ein Maß der Belastung, an dem die Liebe erstirbt, der gute Wille ohnmächtig zusammenbricht und selbst der Versuch einer rücksichtsvollen Fairneß zunehmend mißrät. Muß es, wenn eine Liebe erstirbt, immer auch einen Mörder der Liebe geben? In dem geschilderten Fall war der betreffende Mann sogar durchaus gewillt, sein Verhalten auch als Schuld zu verstehen; aber er war zugleich außerstande, daran etwas zu bereuen. Er hatte lange versucht, der drohenden Liebe auszuweichen; als sie ihn fand, traf sie einen Verdurstenden, der nicht mehr in der Lage war darüber nachzudenken, daß er das Wasser des Lebens aus einem fremden Brunnen trank.

Psychoanalyse und Moraltheologie, Bd. 2, 119–122

Schicksalshafte Mächte

*E*s bedeutet für die kirchliche Eheauffassung zweifellos eine außerordentlich wichtige Korrektur, wenn sich tiefenpsychologisch zeigt, daß manche Motive der Liebe keinesfalls mit Verstand und gutem Willen zu steuern sind, weil sie tief im Unbewußten liegen. Bereits die antike Mythologie wußte, daß Amor ein Gott sein kann, der Menschen, je nach Laune, von einem Augenblick zum andern in spaßige bzw. in tragisch-hilflose Kinder zu verwandeln vermag. In der Tat ist dies psychologisch ein Hauptproblem der Partnerschaft, daß oft im anderen die eigene Mutter oder der eigene Vater gesucht, geliebt, gehaßt wird und auf ihn Erinnerungen übertragen werden, die seine wirkliche Persönlichkeit nahezu unsichtbar machen. Eine solche Übertragung der Elternimagines geschieht *unbewußt;* die Betroffenen wissen nicht, daß sie einander zugetan sind wie Kinder ihren Eltern; sie wissen noch weniger, daß sie sich in der Person des anderen *irren* und an ihn, statt mit erwachsener Liebe, mit den Fesseln kindlicher Angst und Abhängigkeit gebunden sind. In einem Zeitpunkt ihres Lebens, da sie sich u. U. am glücklichsten wähnen, ahnen sie nicht, daß sie in Wahrheit vollkommen unfrei handeln und gerade dabei sind, eine Tragödie vorzubereiten.

Dabei ist die Übertragung der Elternimagines auf den Partner nicht nur ein außerordentlich starkes, sondern zumeist auch äußerst kompliziertes Geflecht aller möglichen Reaktions- und Kompensationsbildungen, deren wichtigste die sogenannte anima-Liebe darstellt. Sie trifft fast immer Menschen, die in ihrem Berufsleben Hervorragendes leisten und gesellschaftlich, nicht selten auch innerkirchlich, über die Maßen angepaßt sind (bzw. sein müssen) und, bestärkt von dem Lob ihrer Mitmenschen, nicht wissen können, daß sich in der Tiefe ihrer Seele ein Gegenbild zu ihrer bewußten Lebenseinstellung formt, das bei Gelegenheit eine schicksalhafte Macht über das Ich erlangen kann. Es sind keinesfalls die minderwertigen, sondern gerade die besonderes wertvollen Menschen, unter denen der Sage nach ein Tristan, der treue Diener seines Oheims Marke von Tintajol, die schöne Isolde lieben *mußte,* weil er *ohne Wissen(!)* den Liebestrank-Brangänes zu sich genommen hatte, und unter de-

nen der berühmteste Ritter an König Artus' Tafelrunde,
der unvergleichliche Lancelot vom See, vom ersten Anblick an die Gattin seines Königs, die schöne, edle Ginevra, liebgewann, so sehr, daß er *gegen seinen Willen*
den Gral verriet, ein Zauberreich zerstörte und doch von
dem Verhängnis seiner Liebe niemals lassen konnte. Sind
dies nur dichterische Übertreibungen? Der kirchlichen
Lehre nach müßte man's beinahe glauben. Aber die Dichter verdichten nur die Wahrheit des Lebens, und dieses
ist noch weit geheimnisvoller, glücklicher und tragischer, als es Othello, Romeo oder Petruccio verkörpern
können.

Gleichwohl, das ist zuzugeben, bedarf es einer gewissen Ordnung und Vernünftigkeit auch des Geheimnis-
vollsten, auch der Liebe, und so ist daher die Frage, was
die Kirche mit ihrer Lehre von Gott angesichts der
scheinbaren Anarchie der Liebe anfängt.

Psychoanalyse und Moraltheologie, Bd. 2, 60 f.

Fähig zur Vergebung

*I*mmer, wenn Menschen fähig werden, einander zu vergeben, ereignet sich in unserem Leben eine Art von
Wunder; denn anders als es die Moral gebietet, sind wir
zur Vergebung wirklicher Schuld niemals imstande, es
sei denn, wir sähen vor uns eine Vision, gerade so, wie sie
den Jüngern im Abendmahlssaal geschenkt wurde. Es ist
ein Vision von Wunden, die verklärt sind, von einem Leben, das nicht zu zerstören ist, von einer Güte, die durch
das Leid nicht widerlegt wird, und von einem Frieden,
der durch keine Gewalt aus unserem Herzen mehr zu rei-
ßen ist. Ohne dieses Auferstehungsbild jenseits des To-

des ist jedes Wort „Ich vergebe dir" im besten Falle ein Versuch, und, selbst wenn gut gemeint, zumeist nichts als ein kurzfristiger Betrug unserer selbst bzw. eine wohlwollende Irreführung anderer. Denn oft versuchen wir zu früh, dem anderen zu „vergeben", indem wir zu ihm sagen: „Es ist gut", und: „Jetzt hör auf damit". Solange uns eine wirkliche Verletzung weh tut und schmerzt, sollten wir nicht so schnell von Vergebung sprechen, weil wir nicht die Kraft haben, es durchzuhalten. Wenn wir dem anderen wirklich zutrauen, daß er Einsicht und guten Willen genug besitzt, sollten wir eher versuchen, miteinander ins Gespräch zu kommen und einander zu sagen, wie weh etwas getan hat und warum ein unbedachtes Wort, eine Nachlässigkeit, vielleicht auch eine gezielt geplante Grausamkeit, so sehr geschmerzt hat. Solange Wunden nicht geheilt sind, verfügen wir nicht über die Weitherzigkeit, die zur Vergebung nötig ist. Es ist möglich, zu sagen: „Ich vergebe dir", wenn uns der Schmerz nicht zu sehr drückt. Dann bedeutet „Ich vergebe dir" wirklich nur: „Es war nicht so schlimm." Aber wenn etwas sich tief in die Seele eingefressen hat und weh tut, ist Ehrlichkeit, wichtiger als sogar die Nächstenliebe. Zwar dürfen und können Wahrheit und Liebe einander nicht widersprechen. Aber ohne Wahrhaftigkeit in allen Herzensdingen finden Menschen nicht zueinander, auch nicht unter der Deckformel der Vergebung.

Ich steige hinab in die Barke der Sonne, 200

Abgerichtet für die Oberfläche?

Kann ein Mensch, der die Liebe entdeckt hat als die Urmusik all seiner Sehnsucht und als die Erhebung seines Daseins zum Mittelpunkt der Welt, einfach so weiterexistieren, als wenn nichts gewesen wäre – eingerichtet, abgerichtet, zugerichtet einzig für die Oberfläche des *comme il faut, des comme on dit*, des *cosi fan tutte?* Wieviel Kraft besitzt die Liebe, mit der Konvention und Tradition zu brechen und sich durchzusetzen gegen den Gewohnheitsdruck der Umwelt?

Alles hängt von der Antwort auf diese Frage ab. Was bislang als ein Problem von Dichtung und Wahrheit, von Idealität und Realität, von Traum und Wirklichkeit erschien, gibt sich jetzt als das zu erkennen, was es im Grunde ist: als die alles entscheidende Frage an die Existenz eines jeden Menschen, wofür er leben will: für die eindimensionale Wohlversorgheit des Spießers und Speckhöckers, der schon aus lauter Angst verleugnen muß, eine jenseitige Welt jemals gesehen zu haben, oder für die nie endende Sorge, einem Daseinsruf, einer Traumberufung folgen zu müssen, die gebieterisch verlangt, die „Schwimmbewegung der Unendlichkeit" im Endlichen zu „wiederholen"? Der Trommler, 63

Jenseits der Moral

Die Angst vor der Liebe ist wie ein Fluch, der eigentliche Inhalt der „Erbsünde", Quelle und Thema aller Neurosen.

Wie man sie überwinden kann?

Wir müßten es wieder wagen, jenseits der Moral unseren eigenen starken Gefühlen zu glauben; wir müßten es uns erlauben, eine Sprache wieder zu erlernen, die offen ist für den Reichtum der Träume, für die Schönheit der Bilder und für die Poesie unserer eigenen Phantasie; wir müßten das letztlich religiös begründete Vertrauen wiedergewinnen, daß wir bedingungslos berechtigt sind, zu sein – Gottes geliebte Kinder, müßte man sagen, wenn diese Worte nicht derartig korrumpiert, verdreht und leergeredet wären.　　　Wege in ein unentdecktes Land, 36

*E*ine neue Sprache lernen

Reden und hören

Das einzige, was uns von allen Lebewesen der uns bekannten Welt wirklich unterscheidet, ist das Sprechen. Manchmal erleben wir, staunend und erleichtert, mitten im Alltag noch einmal nach, wie ein Wort uns vermenschlicht. Ein Tier, wenn es Angst hat, kann schreien oder fliehen. Wir Menschen aber können uns hinsetzen und sprechen; wir können die Gründe unserer Angst zur Sprache bringen, lallend und stockend oft, und doch beruhigend und klärend. Wir erleben, daß wir der Angst Herr werden können, wenn wir deren Stimmungen in Worte fassen und das sonst Unfaßbare aussprechen.

Ein Tier, wenn es gereizt wird, greift an oder knurrt. Wir Menschen können sagen, was uns stört. Uns müssen die Emotionen nicht fortreißen. Wir können ein Gespräch beginnen, und mit jedem Wort merken wir, wie der Andrang sich beruhigt, wie der Schwall sich verläuft und Übersicht und Nüchternheit zurückkehren. Das, was wir besprechen können, wird für uns beherrschbar, so daß wir schließlich nicht nur reden, sondern sogar hören können. Was uns Zukunft gibt, 18

Anweisungen zum Nichtssagen

Geht man die unausgesprochenen und unbewußten Spielregeln einmal durch, mit denen wir als Erwachsene – man kann nicht sagen, miteinander *reden*, aber – plappern und schwätzen, so laufen diese Anweisungen zum Nichtssagen auf ein paar handfeste Formeln hinaus, die da lauten: „Greife nie ein wirkliches Gefühl des anderen auf, denn sonst würdest du zudringlich und gerietest in Gefahr, den anderen bloßzustellen; verlautbare aber auch von dir selber nie etwas Wesentliches, sonst müßtest du fürchten, dich zu blamieren und in den Augen des anderen als lächerlich dazustehen. Äußere auch kein Problem, das dich betrifft, denn entweder gibst du sonst den anderen Macht über dich, oder du erklärst dich ihnen gegenüber zu einem schwierigen Fall." Desgleichen: „Wenn du Gefühle hast, so äußere sie in Gesellschaft tunlichst nach den Regeln der Diplomatie, des Anstands, der Wahrung der Würde, kurz: Habe am besten gar keine Gefühle, oder wenn schon, so diszipliniere und reduziere sie auf das übliche Maß anständiger Heuchelei." Und vor allem: „Vermeide es, den anderen mit Worten zu berühren; rede getrost an ihm vorbei, sprich vom Wetter, von den Preisen, von der Gesundheit, von der Ernährung, von der Kleidung, sprich von allem, nur nicht von dir selber und dem anderen. Sprich von keinem Menschen und zu keinem Menschen wirklich."

Das Markusevangelium, 1. Teil, 497 f.

Sprache der Konkurrenz

Vor einiger Zeit berichtete mir ein junger Mann, wie diese Sprache der Konkurrenz ausfällt. Er war dabei, sich eine Stereoanlage einzurichten, und traf einen Bekannten, den er im Gespräch selber als kundig in den Dingen der Akustik und der Akustostatik fand. Eigentlich hätte er einige Tips und Anregungen für den Bau seiner Anlage lernen können. Er hätte sich bloß gemütlich in den Sessel zu lehnen und einfach zuzuhören brauchen. Er aber empfand den anderen nur so lange als seinen Freund, als er selber mit irgendeiner Präsentation eigenen Könnens aufwarten mochte, so wie Kain im Paradies nur die Gabe, das Produkt, das Beste, dessen man habhaft werden kann, als Mittel einzusetzen weiß, um sich geliebt zu machen. „Ich wühlte", sagte er, „alles, was ich jemals gelernt habe, über Regeltechnik, über Akustik, über Elektromechanik aus mir hervor, um zu sagen: dies weiß ich alles auch noch. Nach einer Stunde des Gesprächs hätte mir der Kopf platzen mögen. Es war zum An-die-Wand-Hochgehen. Und dabei hätte ich es so einfach haben können."

So dieses *kompensatorische Reden der Konkurrenz*. Es ist eine Art der Sprache, die nur sich selbst als Meister zu präsentieren sucht und die in sich selber deshalb sich vermittelt zu dem zweiten zu nennenden Symptom: die *Sprache als Herrschaftsinstrument*. Im Feld der Konkurrenz wird es nur möglich sein, sich als Meister zu erweisen, indem man als Herrscher über die Dinge auftritt. Nach dem Satz des großen *Bacon*, daß Wissen Macht ist, wird man versuchen, die Sprache einzusetzen, um die Dinge zu beherrschen. Sie selber wird dabei verkommen zu Formeln, zu technischen Strukturen, und ihre Begriffsprägungen werden immer mehr die Barbarei eines so vermittelten Verhältnisses zur Natur und zum Menschen reflektieren. Man wird nicht mehr sprechen von lebenden Wesen, man wird sprechen von der verfügbaren Biomasse in einem Waldgelände. Man wird sprechen von einem Schlachtviehmarkt, von Erschließungsgebieten und von Schürfungsrechten, wie wenn all dies ganz natürlich und normal wäre. Und man wird gegenüber menschlichen Personen eine Rede führen, in der sie auftauchen als Libido-Objekte oder Bezugspersonen. Der Umgang mit ihnen wird sich beurteilen danach, welche positive oder negative Verstärkerwirkung oder welche Rückkoppelungseffekte in der menschlichen Sprache angesiedelt sind, wie die verbale oder die sexuelle Kommunikation abläuft. Dies alles technisch verwaltet, machbar, psychokratisch den Menschen gegenüber und technokratisch der Natur gegenüber. Eine unmenschliche Sprache, die wir aber verwenden in dem Glauben, nur so die Eintrittskarte in das Auditorium der Menschheit gewinnen zu können.

Psychoanalyse und Moraltheologie, Bd. 3, 185. 188

Traurige Schneeglöckchen

Wo keine Person mehr redet, spricht nur noch das System. Wo kein Gefühl mehr waltet, nur noch der Apparat. Und schon die Angst vor der Wirklichkeit echten Gefühls zerstört den Dialog. So berichtete eine Frau in der Sprechstunde vor ein paar Wochen: „Ich wollte meinem Mann sagen: ‚Schau mal, die Schneeglöckchen sehen so traurig aus.‘ Und plötzlich gab es Streit, und ich weiß nicht warum." Die Frau selber wußte nicht, daß sie zu ihrem Mann nicht sagen konnte: „Ich fühle mich so kalt an deiner Seite. Mir erscheint die Welt so feindlich und erfrierend. Ich frage mich oft, warum ich auf die Welt gekommen bin, wenn ich ständig mit einem Menschen zusammenleben soll, dem ich kein Wort von mir selber sagen kann." Und weil sie dies, was sie sagen wollte, selber nicht mehr wußte, konnte sie nur Zuflucht nehmen zum Symbol des Schneeglöckchens, das ihr genauso hoffnungslos erschien wie sie selber, genauso bedroht und traurig wie sie selber. Der Ehemann aber hat geantwortet, mit dem vorwurfsvollen Unterton des Mißverständnisses: „Die Blumen wachsen da" – die Sprache der Fakten, der Einsatz der Sprache zur Denotation. Er merkte nicht, daß er gerade dabei war, mit dieser faktischen Bestätigung dessen, was die Frau auch sah, seiner Gemahlin die letzte noch verbliebene Ausdrucksform zu zerstören. Er kam durchaus nicht auf die Idee, daß seine Frau mit den Schneeglöckchen sich selber und mit dem hartgefrorenen Schnee ihn meinen könnte. Er war beruhigt im Hinweis auf die sicheren Fakten, die keinerlei Aufregung verdienen: Schneeglöckchen wachsen halt im März, da blühen Blumen. Die Frau selber hat sich seit Kindheitstagen daran gewöhnt, daß man von sich selber gar nicht sprechen darf, eben darum besitzt sie kein ICH, das sagen würde, was in ihr vor sich geht. Um so mehr verlegt sie ihr ICH nach außen, und dann beginnen, wie in der Schizophrenie, alle Dinge von außen zum Menschen zu reden, und es genügt, einen Mann an der Seite zu haben, der nur Fakten kennt und Fakten zur Sprache zuläßt, um in die Paranoia getrieben zu werden.

Psychoanalyse und Moraltheologie, Bd. 3, 193 f.

Die Sprache der Mythen ist uns fremd geworden

Schon ist die Sprache der Mythen uns vollends fremd geworden. Schon können wir kein Märchen mehr lesen, ohne es von innen her mißzuverstehen. Schon sind wir so weit, daß wir auf den Lehrstühlen der Exegese in der Kirche den Mythos und das Märchen und die Legende und die Sage nur noch als Negativbegriffe zu dem doch so kostbaren äußeren, historischen Geschehen kennenlernen und keinen Gedanken darüber zu verschwenden brauchen, wieso denn eine Wahrheit nur als Mythos,

Märchen, Sage, Legende und Traum mitgeteilt werden kann. Ist es zuviel behauptet zu sagen, wir werden in weniger Zeit auch die Gedichte nicht mehr verstehen, auch Shakespeare nicht mehr verstehen? – Diese fanatische Redundanz der Wörter zwischen Romeo und Julia: daß die Nachtigall singt, das ist ein Faktum, und nicht die Lerche, gewiß, gewiß. Wir werden, fürchte ich, immer mehr so sprechen wie in Babylon.

Psychoanalyse und Moraltheologie, Bd. 3, 195

Zärtlichkeit gegenüber der Schöpfung

Die alte germanische Mythe der Frau Holle erzählt, daß jemand, verzweifelt an der Oberflächlichkeit der Welt und ihrem Unrecht, hinabgestoßen wird durch den Weltenbrunnen und auf einer tieferen Ebene des Daseins zu einer Weltbetrachtung zurückfindet, in der die Erde erneut als eine Wiese und ein Paradies erscheint. Der Goldmarie widerfährt es nun, daß sie die Dinge reden hört, den Backofen, den Apfelbaum, und ihnen gehorsam wird. Und während sie so tut, begibt sie sich, ohne es zu merken, auf einen Weg in das Zentrum der Welt, dort, wo die große, gütige Göttin – die Frau Hulda der Germanen – ihre Wohnung hat. So spräche man mit den Dingen, – wie der thrakische Orpheus auf seiner Leier so sehr die Steine und Delphine zu rühren wußte, daß sie sich seinem Willen fügten, weil er niemals anders wollte, als sie selber, ihrem Wesen folgend, taten. Es ist diese verbale Zärtlichkeit gegenüber der Schöpfung für die Anfangsseiten der Bibel die Vorbedingung, ehe ein Mensch würdig wird, einem Partner menschlichen Angesichts zu begegnen. Der Mann muß sich geübt haben in

der zärtlichen Rede den Dingen gegenüber, ehe Gott aus
seines Herzens Sehnsucht und der Wunde in seinem Herzen eine Frau schafft, ihm zur Liebe. Auch ihr wird der
Mann einen Namen geben, und man sollte infolge jenes
Mißverständnisses zwei Zeilen vorher, in der gleichen
Logik der Auslegung, wohl meinen, auch dies sei ein Verhältnis der Herrschaft, wüßte man nicht, daß erst in Gen
3, 15, als Fluch des Abfalls von Gott, erstmals das Verhältnis zwischen Mann und Frau so definiert wird: Du
aber, walte ihr ob.

Der Patriarchalismus ist ein Fluch der Menschen,
keine Grundbestimmung. Vielmehr, als Adam im Garten
der Welt seine Partnerin begrüßt, gibt er ihr einen Namen, gelernt aus der Güte zu allem Lebenden, der ähnlich ist wie er, nur anders in der Unterschiedenheit der
Geschlechter. Männin, sagt er, soll seine Geliebte heißen, und 100 Namen in der Zärtlichkeit und der Poesie
der Liebeslyrik, oft genug genommen im Vergleich und
in der Metaphorik der Tierwelt, meinen nur dies eine:
Derjenige, den man am meisten liebt, ist gerade so, wie
man selber ist, bis auf den einen Punkt, daß er in allem
ganz anders ist, als Frau oder als Mann. Die alten Ägypter
konnten noch, wie es das Hohe Lied der Liebe manchmal
aufgreift, das Verhältnis der Seelenverwandtschaft aus-
drücken in dem Wort „meine Schwester Braut", um zu
sagen: es ist die Liebe wie das Finden eines gemeinsamen
Elternhauses, und ehe es nicht so ist, daß man heimisch
wird in der zärtlichen Anrede der Liebe und der Erde,
wird man nicht wagen dürfen, eine eigene Heimstätte zu
gründen.

So wäre der Mensch berufen zu reden, aber so reden
wir nicht und vermögen es kaum. Denn wenig später
steht der gleiche Autor der Bibel nicht an, die Verwü-

stung der Sprache in der Tiefe der menschlichen Seele anzuzeigen. Die Menschen bleiben nicht im Garten der Erde, sondern jeder entdeckt auf seine Weise den Abgrund des geöffneten Schlangenrachens unter seinen Füßen, und starrend in die Dunkelheit, in die gähnenden Grund, vergißt man den Urgrund, tiefer als all die Kontingenz des Seins, vergißt man seinen Schöpfer, und kreisend wie im Schwindel und im Bannkreis der Angst, lernt man am Ende, den Worten der Schlange zu glauben, daß man, besser als Gott zu vertrauen, sich selber aufwerfen müßte, ein Gott zu werden, um der Angst standzuhalten. Wieder aufwachend, entdeckt man die eigene Scham, die eigene Ohnmacht und die Unfähigkeit, menschlich zu reden.

Das erste Wort, das sich im verstörten Paradies der Angst seitens Gottes ereignet, ist wie ein Wort der Anklage, der Feststellung, der Inquisition. „Wo bist du, Adam?" habe Gott den Menschen gefragt – wo bist du hingeraten, verkrochen im Gebüsch, dich versteckend mit deiner Scham, dich verbergend vor dir selbst und deinem Nächsten und nur noch auf der Flucht? Es ist eine Frage, die im Bannkreis der Angst keine andere Antwort mehr findet als die Ausrede, die Lüge, das Ausweichen, und nun, in einer Eskalation des Sprachverfalls, überschlägt sich die Zerstörung der Rede.

Psychoanalyse und Moraltheologie, Bd. 3, 182 f.

Namen der Liebe

Will man wissen, was *die alten Mythen* mit der göttlichen (Traum-)Offenbarung eines Namens meinten, so muß man sich wohl in die Tage des Paradieses zurückversetzen, als Adam auf der Suche nach einem Gegenüber seiner Liebe zunächst allen Tieren ringsum und schließlich, erwacht aus langem Schlaf, der Frau seiner Träume den Namen gab (Gen 2, 23). Solche Namen der Liebe entstehen stets aus einem innigen Zwiegespräch der Zärtlichkeit, so wie Verliebte zu allen Zeiten füreinander gern bestimmte Namen (er)finden, die nur zwischen ihnen selbst gebräuchlich sind und vor anderen ihr persönlichstes und streng bewahrtes Geheimnis bleiben. Im Paradies der Liebe sind wir poetisch genug, voneinander bei Tag und bei Nacht zu träumen und den Namen des anderen „ägyptisch" auszusprechen: als einen Zauber, der die ganze Welt verwandelt. In der Liebe stimmt es, daß wir den Namen des (der) Geliebten nur zu hören, nur zu flüstern brauchen, um alle Dinge auf ein unsichtbares Zentrum zu beziehen, in dem die Person unserer Liebe ihr Zuhause hat. Den Namen eines solchen Menschen der Liebe auszusprechen oder zu vernehmen, schenkt uns alle Freude und alles Glück auf Erden; es macht überhaupt erst, daß wir mit ganzem Herzen leben möchten; der Name des (der) Geliebten ist für uns in der Tat „wie der Geschmack des Lebens".

Bis an die Grenze der Bewußtlosigkeit kann dieses Flüstern der Liebkosung zwischen Sehnsucht und Erfüllung gehen, denn wir sind in der Liebe nur bei uns selber, wenn wir beim andern sind, und erst indem wir zu ihm hinfinden, finden wir zu uns selber zurück. Dabei fühlen wir in der Liebe ganz deutlich, daß uns der „Name" des anderen wirklich wie eine Eingebung des Himmels geschenkt wird. Sein ganzes Dasein kommt uns vor wie eine einzigartige Gnade. Während alle anderen Dinge der Welt uns als recht beliebig erscheinen – es könnte sie geben oder auch nicht –, spüren wir in der Liebe mit allen

Kräften, daß es den anderen unbedingt geben *muß*. Gewiß liegt der Einwand gleich bei der Hand, wir dürften den anderen so hoch nicht schätzen – immer neige die Liebe zu einer kurzzeitigen, wahnähnlichen Überbewertung der Person des (der) Geliebten, ja, womöglich sei die gesamte romantische Vorstellung der Liebe überhaupt nur ein verlogenes Ideal des frustrierten Bürgertums. Aber so kritisch „vernünftig" denken nicht die Liebenden. Sie fühlen sehr genau, daß ihre Liebe nicht den Geliebten überwertig macht, sondern daß sie nur dazu beiträgt, seinen wahren Wert allererst zu erkennen oder doch wenigstens annähernd zu ahnen. Die Person eines Menschen, den wir von Herzen lieben, wird für uns zu dem entscheidenden Ort unseres Lebens, von dem wir erfahren, daß die ganze Welt überhaupt nur existiert aufgrund des überfließenden Übermaßes einer Liebe, die allem zugrunde liegt und für die es etwas an sich Nebensächliches oder Unwesentliches schlechthin nicht gibt. Nur die Liebe leitet uns zu dem Punkt, an dem die Welt aus der Hand ihres Schöpfers hervorgeht; nur sie öffnet uns den Himmel und läßt uns innerlich den Vorgang mitvollziehen, wie der Gott Chnum auf der Töpferscheibe die Schönheit des Leibes und die Schönheit der Seele eines Menschen als ein vollendetes Kunstwerk gestaltet; nur sie läßt uns den Namen vernehmen, mit dem Gott einen Menschen von Ewigkeit her ins Dasein gerufen hat.

Im Paradies der Liebe ist es die Fähigkeit eines jeden Menschen, in der Weise einer solchen „Kunstanschauung", einer solchen natürlichen Poesie des Herzens zu fühlen, zu denken, zu sehen, zu hören – zu leben. In dem „Leben" hingegen, das wir für gewöhnlich kennen, erscheint der Kontakt zu Göttlichem zumeist wie etwas

Unbekanntes, Ausnahmsweises, wie etwas Abgesondertes und geradezu Absonderliches. Nur deswegen geschieht es, daß wir allenfalls noch in besonderen Zuständen, wie in Traum und Vision, oder unter besonderen Umständen, wie in heiligen Tempeln oder zu heiligen Zeiten, des eigentlichen „Namens" eines Menschen wirklich innewerden. Das in der Liebe Normale gilt uns fast als anormal, alles Pathetische bereits als pathologisch, alles Überschwengliche als überspannt. Wir fürchten förmlich die Einbrüche dieser anderen wunderbaren Welt des Glücks, der Schönheit und der Poesie, und doch ist sie es allein, die uns dazu anleitet, den Namen eines Menschen „richtig" zu benennen. Gewiß, nur der Himmel kennt den Namen eines Menschen ganz, aber auf dem Weg zum Himmel ist es allein die Liebe, die uns lehrt, den anderen mit den Augen des Himmels zu sehen. Nur die Liebe schaut den anderen in seinem absoluten Selbstwert, und doch ist sie es, die uns zugleich am nachhaltigsten seinen absoluten Wert auch für uns selber zeigt, offenbart sie uns doch, daß wir ohne den anderen im Grunde kaum noch wirklich zu leben wüßten. In der Liebe erscheint uns der andere als die Zusammenfassung und Erfüllung aller Sehnsüchte und Träume, ja als die Offenbarung und Bestätigung von allem, was wir jemals für uns selbst erhoffen und erwünschen könnten. Das Glück jeder tiefen Liebe besteht in einer solchen Rückkehr zu jenem verlorenen Paradies, da Gott zu dem Herzen von uns Menschen redet(e) von Angesicht zu Angesicht.   Dein Name ist wie der Geschmack des Lebens, 116f.

Im magischen Ring der Liebe

Der Brunnen des Glücks

*D*ie ganze Welt erscheint anders, je nachdem ob man den Menschen, den man am meisten liebt, glücklich weiß oder nicht – sie kann ein Paradies sein, wenn sie die Botin seiner Freude ist, und sie erscheint als eine Hölle, wenn sie von seiner Pein berichtet, womöglich ohne daß man irgendeinen Einfluß auf sie nehmen könnte. Gewiß, es ist das ganze Glück der Liebe, den anderen über alles geliebten Menschen glücklich zu wissen – man wird tausend Wege gehen, um diesen „Brunnen" seines Glücks zu finden, und am Ende wird die gemeinsame Suche, der gemeinsame Weg, unendlich tiefer miteinander verbinden als der Moment des Genießens selbst, bzw. umgekehrt: es wird jener Augenblick der Erfüllung an unendlichem Wert gewonnen haben gerade durch die Mühe, mit der man gemeinsam die „Wüste" durchwanderte.

Das Eigentliche ist unsichtbar, 53

Unsichtbares Kraftfeld

*E*s ist in der Liebe – wie bei allem, was menschlich wertvoll ist – absurd, nach den Maßstäben der „erwachsenen Leute" Zeit „sparen" und gewissermaßen die Frucht vor dem Aufblühen und Reifen ernten zu wollen. Jede Hast, jedes Drängen, jede Voreiligkeit kann der Liebe nur schaden, denn gerade die scheuesten und sensibelsten unter den Liebenden, die am meisten Sehnsüchtigen, die am meisten Schamhaftigen, die Leidenschaftlichsten unter ihnen bedürfen der langsamen Bewegungen der Nähe, die ihnen die Angst vor den „Jägern" nimmt und sie allmählich an die Gegenwart des anderen, des täglich vertrauter Werdenden, gewöhnt. Man kann sich die Zuneigung, das Vertrauen, die Zärtlichkeit, die traumerfüllte Gegenwart eines Menschen, den man herzlich liebhat, nicht erkaufen. Aber man kann nach und nach die Sprache seiner Augen, den Ausdruck seines Mundes und die Geste seiner Hände verstehen lernen – etwas unendlich Kostbares, Einmaliges und unvergleichlich Wertvolles beginnt sich darin mitzuteilen. Man kann die Seele der Geliebten in den verborgenen Zeichen ihres Gesichtes durchschimmern sehen und sie mit jedem Augenblick im Schimmer der eigenen Augen heller ins Licht heben. Man kann nach und nach den Sinn ihrer Worte verstehen lernen, denn anders verknüpfen sich in ihrer Sprache dieselben Worte als in der eigenen – sie verweisen auf Felder fremder Erinnerungen –, und folgt man ihren Andeutungen, so werden sie zu Wegen, die zum Herzen der Geliebten führen; und je mehr man die Sprache des anderen selber zu sprechen lernt, desto mehr erschließen sich den eigenen Augen die Türen eines geheimnisvollen Schlosses, deren jede zu einer Kammer voller Schätze und Kleinodien führt.

So beginnt das Geheimnis der zärtlichen Vertrautheit damit, daß man immer mehr von dem anderen wissen, erfahren und erkennen möchte, und je mehr man von ihm zu verstehen beginnt, desto mehr wächst die Sehnsucht nur immer weiter ins Ungemessene, immer mehr zu erfahren, zu hören und immer tiefer das Geheimnis des anderen zu begreifen. Die anfängliche Scheu verwandelt sich in Neugier, die Fluchtdistanz der Angst in ein immer stärkeres Bedürfnis, einander innig nah zu sein. Das anfangs verstohlene Schauen aus der Ferne verlangt nun danach, in den Augen des anderen wie in einem Meer zu versinken, und immer inniger durchzieht sein

Wesen in ständiger Gegenwart die Nächte und die Träume. Es ist, als träte von nun an die ganze Welt in eine symbolische Beziehung zu dem anderen, als erweiterte sich seine Seele über die ganze Erde und verwandelte ein jedes Ding in einen Teil seines Leibes, um sich darin auszusprechen und sich darin gegenwärtig zu setzen, und als würde die ganze Welt zu einem Sakrament seiner Liebe, zu einem Zeichen seiner beseligenden Nähe. Denn man kann die Wolken am Himmel fortan nicht mehr sehen, ohne ihnen Grüße mitzugeben an die Geliebte; man kann die Flüsse nicht rauschen hören, ohne ihre Stimme darin zu vernehmen; und die Sterne des Nachts glänzen wie ihre Augen, das Band der Milchstraße schimmert golden wie ihr Haar, und alle Blumen des Feldes breiten sich wie ein Teppich unter ihren Füßen.

In dieser Poesie der Liebe beschrieben die Zaubermärchen der Schamanen die Erde, daß die Bäume, die Steine, die Tiere zu ihnen redeten von der fernen Geliebten am Ende der Welt, auf dem gläsernen Berge, von der Göttin des Himmels, des geheimen Zentrums der Welt, und alle Wanderschaften waren für sie nur wie Stadien, alle Ruheorte nur wie Stationen auf dem Weg zu ihr, und die ganze Welt war durchzogen von der verzaubernden Magie ihrer Liebe. Je länger diese Suche nacheinander, dieses „Zähmen" des anderen, diese reifende Vertrautheit der Liebe währt, desto beziehungsreicher verschmilzt die Erinnerung des gemeinsamen Erlebens und die Poesie der Zärtlichkeit alle Dinge mit der Gestalt und dem Wesen des anderen, als bestünde die Welt aus einem unsichtbaren Kraftfeld, dessen Linien allesamt zum Herzen des anderen führen.   Das Eigentliche ist unsichtbar, 48 f.

Im magischen Ring der Liebe

Nicht nur die Dinge im Raum, vor allem das Erleben der Zeit verwandelt die Liebe in einen magischen Ring, den der Rhythmus von Abschied, Erwartung und Begegnung wie ein Filigranwerk aus aufgereihten Perlen umspielt. Endlos scheinbar dehnt sich in der Liebe oft die Zeit zwischen den Augenblicken des Wiedersehens; stehenzubleiben scheint sie in den Momenten glücklicher Einheit, und stets knüpft sich an die Trennung das sichere Versprechen, nur möglichst bald zueinander zu finden. Was außerhalb der Liebe nur als öde Langeweile gelten könnte – die ständige Wiederholung, die ewige Wiederkehr des Gleichen –, formt in der Liebe sich zu Seligkeit und Pflicht. Immer von neuem drängt die Sehnsucht der Liebenden zueinander und gliedert die Zeit in den Zyklus eines Festes mit Phasen der Vorbereitung aus Andacht und Versenkung und Phasen der Erfüllung, in denen das Warten sich belohnt. Alle Freundschaft steht unter dem Gesetz eines solchen Zeremoniells, einer rituellen Heiligung der gemeinsamen Zeit, um innerlich die Gegenwart des anderen mitvollziehen zu können.

Die Not aller bloß äußeren Bekanntschaften, aller Party-Freundschaften, aller Ehen, in denen die Liebe erstorben ist, aller gesellschaftlichen Kontakte, die nur dem Ansehen und der Karriere statt der Person des anderen gewidmet sind, ergibt sich stets daraus, daß sie an der eingeschliffenen Routine mit der Zeit zugrunde gehen. Als wenn die Zeit ein Uhrwerk wäre, dessen Räder mit der Präzision ihrer mechanischen Gesetze jede Begeisterung, jede Überraschung, jede Phantasie und Freude aneinander zermahlen würden, zerfasern alle menschlichen Beziehungen außerhalb der Liebe zu einer bloßen Ansammlung von „Treffs", „dates", „meetings" und „happenings". Nur die Liebe besitzt die Kraft, die alltäglichen Begegnungen nicht alltäglich werden zu lassen, nur sie bewahrt die vertraute Gewöhnung aneinander davor, zu Gewohnheit und Gewöhnlichkeit abzustumpfen, und nur sie rettet die Regelmäßigkeit vor der Routine, die ständige Wiederholung vor innerer Aushöhlung, die festen Vereinbarungen vor unmerklicher Erstarrung. Sie allein verjüngt und erschafft immer wieder neu; sie setzt frei, was noch unentfaltet ist, sie gestaltet, was noch auf seine Formung wartet, sie befreit aus der Gefangenschaft, was unter dem Lastgewicht von Angst und Schuld wie eingekerkert liegen mag; sie schenkt die Gabe einer unendlichen Neugier und Freude am Wesen des anderen. So ist die Liebe die einzige wirksame Gegenkraft der Langeweile, die Heiligung der Zeit in Ritual und Zeremoniell.

Das Eigentliche ist unsichtbar, 50 f.

Entdeckung der Liebe

*E*ine jede wirkliche Liebe besteht in der Entdeckung, daß der andere gerade das verkörpert, was einem selber in der eigenen Brust fehlt; in jeder wirklichen Liebe erscheint der andere als Gestalt gewordene Inkarnation eben der Hohlstelle aus Sehnsucht und Verlangen, die sich im eigenen Herzen auftut, und dieser Leerraum selbst kommt einem vor wie etwas von Gott selbst Verfügtes; in der Liebe erscheint der andere als lebende Traumwirklichkeit einer lebenslangen Suche und Wanderschaft. Oder anders ausgedrückt: die Liebe besteht ganz und gar in dem Empfinden, daß man so etwas, wie

den anderen, sich wortwörtlich aus den „Rippen schnei-
den" müßte, wenn es ihn nicht gäbe.

Zugleich besteht die Liebe in einer tiefen Dankbarkeit
gegenüber dem „Schicksal" Gottes. Denn immer tritt der
andere, wenn man von Liebe zu ihm ergriffen wird, in
das eigene Leben mit der Gewalt einer schicksalhaften
Fügung ein; er begegnet einem wie ein von Gott Gesand-
ter; man hat ihn sich nicht ausgesucht; man spürt an dieser Stelle höchsten Glücks nur deutlicher als sonst im
ganzen Leben eine stille Führung, eine verborgene Bestimmung, der man nicht ausweichen kann, wenn man
nicht völlig sich selbst zuwiderhandeln will. „Diesmal ist
sie's" – dieser Ausruf Adams (Gen 2, 23) drückt sehr tref-
fend diesen Doppeleindruck von Überraschung und
Zwang, von scheinbarem Zufall und innerer Notwendigkeit aus, der die Entdeckung der Liebe begleitet.

Psychoanalyse und Moraltheologie, Bd. 2, 26

Alle Güte der Welt

*D*enn einzig den Liebenden verdichtet sich in der Gegenwart des anderen so sehr alle Bedeutung des Lebens und aller Wert der Welt, daß sie schon hier auf
Erden vermeinen, in seiner Nähe dem Himmel nahe zu
sein; einzig den Liebenden erscheint die Anwesenheit des
anderen wie die Barke der Sonne am Gestade der Ewigkeit
zur Überfahrt in die nie verlöschende Welt des Lichts;
und einzig die Liebenden werden sich fühlen, wie wenn
über den Jaru-Feldern des Himmels an den Ufern des
überirdischen Nils die Sonne im Singen der Sphären sich
zu einem unvergänglichen Morgen erhöbe ohne Mühsal
und Plage. Mnj – „landen" nannte der Ägypter den Vor-

gang des *Sterbens,* und er zeichnete als Determinative zu der Hieroglyphe eines Landepflocks zusätzlich einen Mann, der mit einem Prügel zuschlägt – denn immer ist der Tod ein Gewaltakt, – und daneben eine Statue des Osiris, denn es geschieht nach ägyptischem Glauben im Tode, daß der Mensch sich selbst in Osiris verwandelt, so wie die Christen darauf vertrauen, im Augenblick des Todes dem auferstandenen Christus zu begegnen (Röm 14, 7–9). Aber wenn ein Mensch *im Tod zu Osiris* wird, so kann man sagen, daß er *mitten im Leben in der Liebe zum Kind der Sonne* wird, so weit und hell wird sein Herz. Nur in der Liebe drängen sich die Namen förmlich wie von selbst auf die Lippen, mit denen der Ägypter den König als den Mittelpunkt seines Daseins bezeichnete: „die lebende Sonne" oder „das (auf Erden) lebende Abbild Gottes". Tut-anch-Amun z. B., der geschichtlich so unbedeutende, archäologisch aber so überaus bekannte Pharao des Alten Ägyptens, trug diesen zauberhaften Namen unter seinem Sonnensohn-Titel: „lebendiges Abbild Amuns" *(twt'nhImn),* während seine Gemahlin den Namen „Anches-en-Amun" *('nh-ś n Imn* – sie lebt für Amun) trug. Für einen jeden Menschen, der liebt, erscheint der andere wie das kostbarste Kunstwerk des Himmels, wie das vornehmste Abbild des Göttlichen, wie ein Sakrament, dessen leibhaftige Erfahrung alle Seligkeit des Paradieses verheißt und vorwegnimmt.

Niemals hören daher die Liebenden auf, einander mit Worten zu benennen, die in ihren Bildern und in dem Wunsch einer endlosen Wiederholung der Lauretanischen Litanei entnommen sein könnten, so wenn der Ägypter die Frau seiner Zuneigung bezeichnen konnte als: „Die Goldene erquickt das Herz … Der Neujahrsstern … Einzige Herrin – Die Goldene in der Knospe …

Schöne Wahrheit – Die am Himmel erschien – Schön ist der Himmel-Nordwind (sc. die Kühle, d. V.) – Haus des Mondes – Königin in Ewigkeit."

Immer sind wahrhaft religiöse Lieder Liebeslieder, und immer auch sind wahre Liebeslieder an die Macht der Liebe im Hintergrund alles Geschaffenen gerichtet. Unser Herz besitzt offenbar nur diese eine Kraft, die durch das Tal der Bedürftigkeit in der Gestalt eines einzelnen menschlichen Gegenübers sich in das Meer der Unendlichkeit verströmen will, und jede Unterdrückung der Liebe, so fromm und moralisch, so rein und heilig, so sittsam und sittig sie sich auch gerieren mag, ist immer auch eine Form der Gottesverleumdung und Gottesverleugnung. In den Augen der Liebe haben *die Märchen* recht, wenn sie den Weg der Liebe als eine Suchwanderung nach einem Königssohn beschreiben, der am Ende der Welt darauf wartet, in seiner wahren Natur entdeckt zu werden, und wenn sie schildern, wie die Geliebte in der Brautnacht sich in das Gewand der Sterne, des Mondes und der Sonne hüllt, ganz als wäre sie selber die Verkörperung der Himmelsgöttin Nut. Alle Schönheit des Himmels, alle Güte der Welt, aller Segen des Göttlichen versammelt sich in dem Menschen, den wir am meisten lieben. Dein Name ist wie der Geschmack des Lebens, 55 f.

Eintauchen in eine neue Daseinsform

Vielleicht kann man die Liebe überhaupt als eine Erfahrung beschreiben, die das Gefühl erzeugt, gemeinsam und unwiderruflich in eine neue Daseinsform einzutauchen, in der es kein Empfinden, keinen Gedanken, keinen Wunsch mehr gibt, der nicht aus diesem übergreifenden Erfahrungsraum einer wesenhaften Einheit und Verwiesenheit aufeinander entspringen würde, – eine Art neuer Geburt, ähnlich der Verschmelzung zweier Zellen am Anfang des individuellen Lebens. In jedem Falle besteht die Liebe darin, das Wesen des anderen *als ganzes*, weit mehr als im einzelnen schon erkennbar, zu mögen und zu wollen: – der andere *darf* gewissermaßen gar nicht anders sein, als er ist; er ist in sich ein vollendetes Kunstwerk, an dem nichts hinzuzufügen oder wegzunehmen ist, – *diese* Erfahrung bewirkt offenbar immer wieder, daß alles in der Seele eines Liebenden auf die Schönheit der Geliebten auch von sich her in der Weise von Poesie und Dichtung antworten möchte, und sie ist es auch, die aus der Liebe stets ein religiöses Erlebnis absoluter Dankbarkeit für das Dasein und die Wesensart des anderen macht. Der Trommler, 30

Ein Stück vom Himmel

Schon auf Erden läßt uns die Liebe unsere körperliche Existenz auf eine Weise erleben, die uns ein Stück vom Himmel zeigt. Wie denn verhält es sich, wenn Menschen auf Erden zueinander finden, daß es Gültigkeit beansprucht bis in alle Ewigkeit? Ohne unseren Körper könnten wir einander weder fühlen noch hören noch sehen; und doch ist es das Eigenartige in der Liebe, daß alle körperlichen Bereiche der Wahrnehmung sich zu einem Feld zeitloser Poesie öffnen. Wir sagen z. B. einander, daß wir „Hand in Hand" miteinander durchs Leben gehen wollen – das Wort selbst ist ganz dem körperlichen Erleben entnommen, aber in Wahrheit versichert es uns bildhaft einer unauflöslichen Verbundenheit, ganz unabhängig von jeder räumlichen Nähe. Oder wir sagen einander: „Ich werde meine Hand über dich halten", und wir meinen damit nicht eine körperliche Gebärde, sondern eine gewisse Behütetheit in der Art, einander zu behandeln. Oder wir sprechen von den glänzenden Augen des anderen, sie können hell schimmern wie Sterne oder dunkel sein vor Traurigkeit; oder wir sehen das Haar des anderen, und es erinnert uns an das Funkeln der Steine, an das Wogen des Grases oder an das Band der Milchstraße. *Jeder* Teil des Körpers eines Menschen, den wir lieben, verwandelt sich in der Poesie der Liebe in einen Reichtum von Bildern, die sich ausdehnen, wie wenn alles Körperhafte sich in der Zärtlichkeit Sprache verunendlichen würde, indem es immer neue Assoziationen in sich aufnimmt und zu der ganzen Welt der Schönheit, die uns umgibt, in immer tiefere Verbindung tritt. So lehrt die Liebe schon auf Erden, miteinander so zu leben, daß es an jeder Stelle um uns und in uns weit wird bis zum Horizont und unsere Seele sich erhebt zu dem Gesang der Ewigkeit.

Will man von daher verstehen, was im Tode mit uns geschieht, so muß man wohl sagen, daß Gott, der die Liebe ist, im Augenblick des Sterbens eigentlich nur dies tut: daß er die Liebe ewig setzt und aus ihr einen nicht endenden Lobpreis des Glücks und der Dankbarkeit formt. Wir brauchen eines Tages nicht mehr die Hände, um einander zu spüren, und wir brauchen nicht mehr die Augen, um einander zu sehen; was wir einzig brauchen, ist eine Seele, die nicht aufhört, in Bildern zu fühlen, in Gleichnissen zu träumen und in der Poesie der Liebe einander nahe zu sein. Wir sind und werden niemals „reine" Geister sein; aber die dichte Erfahrung einer nicht endenden Welt der Bilder, in der wir die Existenz des anderen

buchstäblich als „verklärt" zu erfahren vermögen, muß
die Art sein, in der wir in der Liebe einander nahe sind.

Das Markusevangelium, 1. Teil, 719 f.

Liebe und Besitz

Noch immer scheint besonders die katholische Kirche
keine größere Gefahr zu kennen als das immer wieder befürchtete Ausufern libidinöser Triebstrebungen.
Aber vielleicht steht uns allen im Umgang mit der
menschlichen Fähigkeit zur Liebe schon bald die gleiche
Erkenntnis bevor, die im Umgang mit der menschlichen
Aggressivität bereits seit längerem zur Gewißheit geworden ist: daß wir nämlich in der Art, wie wir die Beziehung
der „Geschlechter" „moralisch" zu „regeln" versuchen,
die Stufe der Altsteinzeit durchaus noch nicht verlassen
haben: Nach wie vor herrscht die anscheinend ganz „natürliche" Gleichung von Liebe = Sexualität = Besitz, so
als sei es nur folgerichtig und logisch, jemanden, den
man liebt, in „Besitz" zu nehmen und in „Besitz" zu verwandeln, und als sei es in Bestätigung dieser Denkweise
geradezu die Aufgabe jeder staatlichen und sogar kirchlichen Gesetzgebung, die Fragen des Herzens in Fragen des
leiblichen und materiellen Besitzes zu verwandeln und
die Liebe insgesamt schließlich in einer erweiterten
Sparte des Eigentumsrechtes unterzubringen. Wenn vor
allem die katholische Kirche trotz der furchtbaren Dro-
hung der Überbevölkerung nicht müde wird, die Liebe
mit der Ehe und die Ehe mit der Aufzucht von Kindern
ineins zu setzen, so muß man wohl deutlich daran erinnern, daß es Jesus (ebenso wie der Buddha) nicht als seine
Aufgabe betrachtete, die Institution der Ehe gesellschaft-

149

lich zu stabilisieren; nicht einmal die innerkirchlich so wichtige Frage der Monogamie oder Polygamie hat Jesus auch nur mit einem Wort berührt, und das wenige, was er dazu gesagt hat, galt einzig der Begrenzung der Männerwillkür gegenüber den Frauen; die jüdischen Spielregeln der Vielehe selbst stellte er nicht in Frage. Entscheidend ging es Jesus hingegen um eine universelle Geschwisterlichkeit und Brüderlichkeit im Umgang miteinander; nicht die Bande der Familie, allein die Bande des Herzens, der Einklang der Gesinnung, die Wesensverwandtschaft innerer Zusammengehörigkeit sollten fortan die Beziehungen unter Menschen begründen und auf Gott hin ausrichten. Ganz offensichtlich befinden wir uns auch nach 2000 Jahren noch immer am Anfang des Weges, den Jesus uns zeigen wollte, als er uns die Liebe als eine Haltung absichtsloser Güte zu lehren begann; zu sehr stehen wir nach wie vor mit der peinigenden Angst vor der „Sexualität" und der peinlichen Befangenheit vor dem „anderen" Geschlecht uns selber im Wege, und immer noch scheint es christlich erlaubt, ja u. U. geboten zu sein, sich auf Kosten des Seelenheils anderer „rein" zu bewahren oder die kaum beherrschte Unreinheit zum Preis der Tugend zu erklären.

Zu den großen und weisen Lehren der katholischen Kirche selbst gehört die Ansicht, daß die Menschen aufgrund der „Erbsünde" in „ungeordneter Begierlichkeit" (in „Konkupiszenz") gefangen lägen und zur Liebe eigentlich kaum fähig seien; diese Auffassung läßt sich tiefenpsychologisch nur bestätigen, wenn man als Grund der Abkehr vom Wesensursprung des menschlichen Daseins *die Angst* im Untergrund der Existenz erkennt. Sollte man dann aber nicht gerade kirchlicherseits hervorheben und bestätigen, daß die erlösende Kraft des

Glaubens sich wesentlich in der Fähigkeit zeigt, dem anderen als Frau und als Mann in brüderlicher Liebe zu begegnen und einzig um sein Wohl in Zeit und Ewigkeit bemüht zu sein? Nur wo Menschen einander so begegnen, daß sie einander Wegbegleiter sind zum gleichen Ziel, verdienen sie im eigentlichen, den Namen Christi anzunehmen.   Psychoanalyse und Moraltheologie, Bd. 3, 13 f.

Sexualität als Ausdruck

Sexualität steht niemals nur für sich selbst, sondern ihre eigentliche „Bedeutung" besteht wortwörtlich darin, daß sie etwas „bedeutet", das sich in ihr ausdrückt und verwirklicht, das aber nicht einfachhin mit ihr identisch ist.

Erst dieser Tatbestand erlaubt es, das menschliche Sexualverhalten moralischen, also geistigen Wertungen zu unterstellen. Wäre die Sexualität nicht auch ein Symptom und Ausdruck geistiger Strebungen und Einstellungen, so stünde sie als rein biologisches Geschehen jenseits von Gut und Böse. Daraus ergibt sich unmittelbar als eine wichtige methodische Folgerung für die moraltheologische Betrachtung des menschlichen Sexualverhaltens als Grundsatz: Eine moralische Bewertung bestimmter sexueller Verhaltensweisen ist nur möglich, wenn das sexuelle Tun nicht in sich betrachtet wird, sondern wenn es als Ausdruck geistiger Haltungen und Neigungen verstanden wird. Anders formuliert: Nicht das biologische Geschehen als solches unterliegt einer moralischen Bewertung, sondern die geistige Einstellung, die sich darin ausdrückt.

Psychoanalyse und Moraltheologie, Bd. 2, 162

Schaulust und Zeigelust

Nichts auf Erden scheint bis heute den Blick eines Mannes so sehr zu fesseln wie die Schönheit einer Frau. Jede Frau, die will, verfügt über die Macht, an jeder größeren Straßenkreuzung Deutschlands durch nur wenige Bewegungen ihres Körpers ein Verkehrschaos erster Ordnung heraufzubeschwören. Auch dieses ständig marschbereite Suchverhalten der Männer hat evolutiv natürlich seinen guten Sinn: Ein Mann kann an sich durchaus mehrere Frauen versorgen, so daß unter entsprechenden sozialen Bedingungen keine zu kurz zu kommen brauchte; die Erhöhung der Kinderzahl durch die Polygamie stellte zudem für die menschliche Spezies in den Jahrhunderttausenden ihrer biologischen Unterlegenheit wohl das wichtigste Mittel dar, um im Kampf ums Dasein zu bestehen, ehe erst heute unter veränderten zivilisatorischen Bedingungen sich dieses Überlebensmittel der Vorzeit in einen endzeitlichen Alptraum zu verwandeln beginnt. Jedenfalls tendieren die Männer von alters her dazu, auch auf die Schönheit einer Frau nach Art von Jägern zu reagieren: mit „Aufspüren", „Anschleichen", „Verfolgen" und „Erlegen".

Die männliche Schaulust unterliegt an dieser Stelle indessen regelmäßig der Gefahr eines kurzschlüssigen Irrtums, als ob eine Frau, deren Attraktivität einem Manne nicht ohne Absicht in die Augen springt, auch schon dasselbe wollen könnte, was ihm bei ihrem Anblick selber durch den Kopf gehen mag. Der Mann muß, wenn es im Sinne der Frau mit rechten Dingen zugehen soll, gewissermaßen mit seinem Willen zur Eroberung zu einem *ständigen* Jagdverhalten angeeifert werden: Nicht der einmalige „Erfolg", sondern die ständige Bemühung muß prämiiert werden – die „Attraktion" muß sich auf Dauer stellen, und so entsteht das äußerst reizvolle, je nach den Umständen teils innervierende, teils enervierende *Spiel* im Umgang der Geschlechter miteinander: Die Frau muß die Kunst erlernen, zu locken, ohne zu verführen, an sich zu binden, ohne zu fesseln, die Lust an der Eroberung zu erwecken und doch nur so viel an Erfüllung zu gewähren, daß diese Lust erhalten bleibt; der Mann umgekehrt muß in der Liebe lernen, daß er sogar und gerade bei seiner eigenen Frau stets weiter auf der Suche bleiben muß nach dem, was er in der Person seiner Geliebten sonst womöglich längst für gefunden, ja längst sich zugehörig wähnen würde; er muß mit einem Höchstmaß an Interesse ein Höchstmaß an Selbstdisziplin und nie erlahmendem Bemühen des Werbens und immer neuen „Eroberns" dessen, was er schon zu „besitzen" meint, verbinden lernen.

Vielleicht finden von daher Zeigelust und Schaulust niemals eine tiefere Erfüllung als in der Beziehung einer geistvollen Frau zu einem romantischen Künstler, sei dieser nun ein Maler, Bildhauer oder Schriftsteller: Wenn die Schaulust auf der Seite des Mannes übergeht in eine gewissermaßen absichtslose, bewundernde Objektivität für die Schönheit und den Wert, für die Einmaligkeit und Kostbarkeit des anderen, und wenn umgekehrt die Zeigelust der Frau sich ihrer befruchtenden Kraft und beseligenden Faszination auf den anderen bewußt bleibt, dann, in geheimer Umkehrung der Geschlechterrollen, können Schau- und Zeigelust sich auf das feinste kultivieren und sublimieren. Die alten Ägypter etwa vermochten auf diese Weise den Körper der Frau so zu modellieren, daß er sich als Ausdruck ewiger Schönheit dem Willen zu zeitlichem und unvergänglichem Zugriff entzog, und

ähnlich liegt es seitdem im Willen und in der Wirkung
jeder Kunst.   Psychoanalyse und Moraltheologie, Bd. 2, 198 f.

Entblößungen

Bei dem Gefühl der Scham geht es um das Verhüllen
von Teilen der eigenen Person, bei deren Präsentation
man Mißachtung und Strafe in Form von Liebesentzug
gewärtigen müßte, seien diese „Teile" der Person nun see-
lisch oder körperlich. Der „Schamlose", der sich selbst
entblößt, setzt sich über diese drohende Mißachtung hin-
weg und gibt damit zu verstehen, daß ihm die Meinung
seines Gegenübers gleichgültig ist – eben darin liegt die
„Beleidigung", die er mit seinem Verhalten dem anderen
zufügt; er demonstriert, daß er die Mißachtung sich leisten kann, die er durch sein Anstoßgeben provoziert; er
selber *verachtet* den anderen zu sehr, als daß er an dessen
Mißachtung noch gebunden wäre. Oder umgekehrt: jemand drängt in „schamloser" Weise auf die körperliche
oder seelische Entblößung des anderen, indem er sie selber in Blick oder Wort provoziert bzw. den anderen dahin bringt, sie gegen seinen Willen vorzunehmen; in
diesem Falle gibt er dem anderen auf krasse Weise seine
Mißachtung zu verstehen, indem er die gebotenen
Schutzzonen des anderen nicht respektiert, er demonstriert mithin, daß er die Macht hat, den anderen „vorzu-
führen" und zur Schau zu stellen, ja daß der andere noch
froh sein muß, wenn er in seiner schutzlosen Nacktheit
mit heiler Haut davonkommt.

Das Thema der Schamhaftigkeit bzw. der Schamlosigkeit ist somit im weitesten Sinne ein Thema von Macht
und Unterlegenheit; es *kann* sich sexuell darstellen, ist

an sich aber unendlich weiter, indem sich in der Schamlosigkeit eine Art illegitimer Rangordnung herauskristal-
lisiert. Vor dem Ranghöheren (dem Vater, Beichtvater,
Lehrer, dem Spieß, dem Chef, dem Oberarzt) kann es
Pflicht sein, sich bis in den letzten Winkel des Körpers
oder der Seele durchmustern zu lassen, und dieser kann
von seinem Recht im Rahmen der ihm zugewiesenen
Rolle (in Ausübung seines Berufes) Gebrauch machen,
ohne als schamlos gelten zu müssen. Der Schamlose hingegen „pfeift" auf die Rangordnung und maßt sich selber
Rechte an, die ihm nicht zustehen; eben deshalb ist er
wortwörtlich „asozial", und jede Gemeinschaft wird von
daher auf bestimmte Spielregeln der Schamhaftigkeit bestehen müssen, nach denen das Privileg uneingeschränk-
ter Inspektion entsprechend der Pyramide der Machtver-
teilung geregelt wird.

Wichtig ist zur näheren Bestimmung des Phänomens
der Schamhaftigkeit bzw. der Schamlosigkeit, daß es an
optische Kontakte gebunden ist. Stets bezieht das Schamgefühl sich auf die Angst, in einer Lage _gesehen_ zu werden, bei der man das eigene _Ansehen_ verlieren kann. Das
Schamgefühl ist insofern vom Schuldgefühl zu unterscheiden: Während im Schuldgefühl das eigene Gewissen
als ranghöchste Instanz empfunden wird, deren verurtei-
lendem Blick man sich nicht mehr entziehen kann, richtet sich das Schamgefühl wesentlich auf die mögliche
Entdeckung durch andere; als Angst, gesehen zu werden,
stellt es den Fall einer sozialen Angst dar, die noch nicht
im Gewissen verinnerlicht worden ist.

Das Gebiet von Schamhaftigkeit und Schamlosigkeit
bezieht sich mithin auf den optischen Teil derjenigen
Kontakte, in denen es um die Demonstration von Rang
und Macht geht. In großer Gewandung, mit Krone und

Tiara, Mantel und Schleppe, schreiten die Ranghöchsten einher, die Niederrangigen hingegen ziehen den Hut, entblößen, wie die besiegten Gallierinnen vor der Truppe des göttlichen Caesar, schutzflehend ihre Brüste oder werfen sich der Länge nach in den Staub. Wie tief eingefleischt derartige Unterwerfungsgesten aus dem Erbe der Evolution sind, zeigt die verbreitete Geste auf eine Frage, die man nicht beantworten kann: Man dreht die leere Handinnenfläche nach oben und öffnet den Mund, um dem anderen die Kontrolle zu erleichtern: Man trägt nichts (an Nahrung) bei sich, auf das er Anspruch machen könnte, und zugleich zieht man die Schultern hoch, um jeden Eindruck von „Hochnäsigkeit" und „Halsstarrigkeit" zu vermeiden. Innerhalb der Spielregeln geregelter Macht existiert das Problem der Scham bezeichnenderweise nicht oder es wird als ein rein subjektiver Luxus behandelt, auf den keine weitere Rücksicht zu nehmen ist. Das Problem der Schamhaftigkeit und Schamlosigkeit wird hingegen akut bei Verletzungen der Rangfolge im Umkreis optischer Signale. Nur insoweit daher sexuelle Fragen mit Machtfragen gepaart sind, tauchen auch sie im Umkreis der Schamproblematik auf. Man schämt sich, als einer gesehen zu werden, der nicht besitzt, was er brauchen würde, um in den Augen eines Mächtigen liebenswert zu sein. Wer eine solche Entblößung entgegen der Rangordnung aktiv oder passiv herbeiführt, der ist im eigentlichen Sinne schamlos.

Psychoanalyse und Moraltheologie, Bd. 2, 193 ff.

Die Nacktheit des anderen

*E*rst durch das Empfinden, prinzipiell „nackt", unge-
rechtfertigt, unansehnlich und in den Augen des anderen sicherlich nicht gut genug zu sein, erhält auch das
sexuelle Schamgefühl seine Bedeutung. Es ist demgegenüber gerade das Gefühl, das allein die Liebe hervorzubringen vermag, daß man sich dem anderen zeigen kann, so
wie man ist, daß man sich vor ihm also nicht verstecken
muß. Und auch das Umgekehrte gilt: Solange noch die
Angst die Oberhand besitzt, traut sich die Liebe nicht
hervor; man versucht vielmehr, seine Schwächen, seine
Nacktheit, dem anderen zu verbergen und sich um so
mehr mit seinen sog. starken Seiten zu präsentieren – ein
Zusammenhang, den die frühe Psychoanalyse geahnt
hat, als sie das Schamgefühl in ihrer organspezifischen
Theoriebildung aus dem *Kastrationskomplex* ableiten
wollte. Das Empfinden, nicht liebenswert genug zu sein
und die volle Wahrheit über sich selbst dem anderen bestimmt nicht zumuten zu können, blockiert am Ende
wirklich jede menschliche Beziehung; es erniedrigt die
Liebe zu einer Maskerade gegenseitiger Demütigung und
verstärkt nur immer wieder das Erlebnis der eigenen
Minderwertigkeit. Auf der anderen Seite macht nichts
den anderen so liebenswert wie das Vertrauen, man
müsse sich vor ihm *nicht* schämen, *„nackt"* zu sein.

Im Grunde knüpft dieses Vertrauen, in den Augen des
anderen gut genug zu sein und sich ihm ruhig mit der
ganzen Wahrheit der eigenen Person mitteilen zu können, wieder an das Motiv der gegenseitigen Ergänzung
an, das bereits in der herausgeschnittenen Rippe zum
Ausdruck kam. Denn merkwürdigerweise liebt die Liebe
gerade das Unvollkommene, das Ergänzungsbedürftige;

man möchte in der Liebe spüren, was man dem anderen bedeuten und geben kann, und nichts ist tödlicher für die gegenseitige Zuneigung als das Empfinden, der andere gebärde sich derart vollkommen und autark, er sei ein solcher „Kugelmensch" geworden, daß er gar nichts entbehre und man ihm schon gar nichts mehr geben könne. Der sexuelle Drang, die Nacktheit des anderen zu suchen und sich gerade durch sie in Besitz nehmen zu lassen, ist meistens nur ein bloßes Sinnbild für das, was in Wahrheit zwischen zwei Menschen, die sich lieben, innerlich geschieht: Nicht zur Beschämung, sondern zur Ergänzung suchen sie förmlich nach den Blößen, den Mängeln, den Hohlstellen des anderen, um das, was dem anderen fehlt, mit dem eigenen Dasein zu erfüllen. Vielleicht kann, um diesen Zusammenhang zu verdeutlichen, das Verhalten sogenannter „Primitivvölker" als Beispiel dienen. In der ethnologisch wie literarisch gleichermaßen kostbaren Indianersaga „Hanta Yo" hat Ruth Beebe Hill in der Gestalt des Sioux-Schamanen Ahbleza einmal beschrieben, was der Satz bedeuten kann: „Beide, der Mann und seine Frau, waren nackt, und sie schämten sich nicht voreinander" (Gen 2, 25). Es ist die Szene, in welcher der junge Ahbleza sich gerade von der aufdringlichen Art seines Vaters losgesagt hat, seine Männlichkeit und Tapferkeit zur Schau zu stellen. Endgültig hat er seinen Vater als schweres Hindernis für seinen eigenen Weg ins Leben erkannt und ihn innerlich überwunden; statt sich, wie sein Vater, dem Volke als ein Besitzender zu zeigen, will er fortan lieber als einer erscheinen, der alles fortgibt, was er besitzt, all seine Habe, aber auch die Gedanken, die er nur von außen übernommen hat. So schenkt er all seine Gewänder und Häute, seine Pferde, seine Waffen fort, um in seiner Nacktheit zu leben und den Sinn der Reinheit zu erfahren. Während er sich so völlig unbekleidet aus dem Lager begibt, vernimmt er mit einem Mal die Schritte einer Frau, und plötzlich überfällt in das Nicht-Haben mit heißer Scham. Aber in dem Moment, als Heyatawin, die Geliebte seiner Jugend, vor ihm steht, blickt sie ihm ins Gesicht, und ihre Augen verraten, daß nichts an ihm ihr Erbarmen oder ihr Mitleid weckt. „Sie gab vielmehr ihre Person in seine Hände, schenkte sich ihm als Ersatz für alles, was er von sich geworfen hat." Und wie er, immer noch sich schämend, zu ihr sagt: „Du siehst mich, meine Schwester ... Sieh meine Niedrigkeit. Sieh mich als einen, der nichts hat" – gibt sie zur Antwort: „Ich sehe nichts Niedriges an dir, mein Herz"; und fügt hinzu: „Ich danke dir, mein wahrer Freund, daß du mich an deiner Anwesenheit teilhaben läßt, mir diesen Blick auf dich gestattest. Ich sehe Augen, die nicht vor Tränen überfließen, sondern von schimmerndem Geist. Ich bin Frau und weiß es." Ahbleza, schreibt R. B. Hill, spürte in diesem Moment „etwas wie Erfüllung, etwas wie Wärme in sich, als fände er dort einen ihn aufnehmenden Ort der Ruhe, einen Ort zum Bleiben, bis er sich entschlösse, ihn zu verlassen, einen Ort, an den er zurückkehren wird, wann immer er außen Mangel empfindet. Nie zuvor waren ihm Geben und Empfangen so sehr als etwas erschienen, das einem Wunder gleichkam."

Eben dieses Wunder des Austausches aber ist die Liebe: Man empfindet den anderen als sich selbst zugehörig nicht so sehr für das, was er besitzt, sondern für das, was ihm mangelt, und umgekehrt: Man erlebt es nicht mehr als Demütigung, den anderen zu brauchen, um selbst ganz zu werden, sondern im Gegenteil: Man fühlt sich selbst erhoben in der begütigenden Gegenwart des anderen.

Man kann an dieser Stelle auch von dem Wunder einer inneren Verwandlung in der Liebe sprechen; denn nicht selten ist gerade das, wofür man sich sein Leben lang glaubte am meisten schämen zu müssen, in den Augen des Liebenden besonders kostbar, und unter seinem Urteil lernt man sich selbst von neuem liebgewinnen. – Doch dies ist schon ein neues Thema, das die Scham bereits voraussetzt: die Rückkehr in das verlorene Paradies, in das wortwörtlich „unverschämte" Glück der Liebe.

Psychoanalyse und Moraltheologie, Bd. 2, 33 ff.

Verbunden
mit dem Ursprung

Einzig die Liebe

*E*s ist einzig die Liebe, die uns lehrt, daß wir mehr sind als nur ein Teil der Natur. Nichts von all dem, was uns umgibt, beantwortet irgendeine wesentliche Frage unseres Lebens: warum wir existieren, warum wir überhaupt sind. Das kalte Feuer der Sterne schweigt auf unsere Fragen. Die Erde ermöglicht uns, aber wir sind ihr gleichgültig. Und bliebe es nur dabei, müßten wir fast denken, daß sich die Natur erlaubt hätte, mit uns gewissermaßen Scherz zu treiben, indem sie Wesen hervorbringt, die immerzu Fragen in ihren Köpfen haben, auf die sie nicht nur zu antworten sich weigert, sondern die sie mit ihren toten Gesetzen gar nicht beantworten *kann*, ganz so, als hätte sie nur herausfinden wollen, wie lang solche Wesen wie wir es überhaupt vermögen, auf dieser Erde zu existieren, ohne zu verzweifeln.

Die einzige Antwort, die wir besitzen, besteht darin, daß wir uns inmitten der grenzenlosen Einsamkeit der Natur als Menschen zusammenschließen und, so intensiv wir können, versuchen, gegen den Tod anzulieben. Wenn irgend jemand den anderen wesentlich in sein Herz schließt, formen sich, ob er es will oder nicht, ober er es auch nur denkt oder für möglich hält, wie von selber all die Antworten, die uns wirklich tragen. In der Liebe entdecken wir, daß wir einander notwendig sind. Der Natur ebenso wie der menschlichen Geschichte im ganzen sind wir ziemlich nebensächlich, aber einem Menschen, der uns liebt, sind wir wichtig und höchst bedeutsam, so daß er traurig wird und oft verzweifelt, gäbe es uns nicht.

Wohlgemerkt, er liebt uns womöglich nicht, weil er uns nötig hätte, sondern genau umgekehrt: wir sind ihm nötig, weil er uns liebt. Nur durch die Liebe sind wir im-

stande, uns selber als Personen zu formen, indem wir beginnen, an die eigene Bedeutung überhaupt erst zu
glauben. Und vermutlich war dies schon die ganze Tat
Jesu, als er auf Erden war, daß er Menschen, die bis dahin
sich fühlten wie Blätter im Wind, lehrte und es ihnen zur
Erfahrung machte, sie seien etwas unverzichtbar Wesentliches für Gott.   Was uns Zukunft gibt, 200 f.

Vertrauen in den unsichtbaren Hintergrund der Welt

*D*ie Liebe der Religion zur Welt im ganzen und die Religion der Liebe zu einem einzelnen Menschen be-
dingen sich wechselseitig; denn nur ein vorgängiges
Vertrauen in den unsichtbaren Hintergrund der Welt erlaubt ein unbedingtes Vertrauen auch zu der Liebe eines
einzelnen Menschen, und umgekehrt wird man das Dasein im ganzen niemals so intensiv und so dankbar als ein
Geschenk des Himmels erfahren wie in der Liebe eines
Menschen, der uns den Himmel nahebringt.

Träume von einer solchen „überirdischen" Liebe
pflegt man im Jargon der Tiefenpsychologie als Projektionen der „anima" zu deuten; aber um zu verstehen, wovon die Märchen sprechen, wird man eher umgekehrt
sagen müssen, daß sie eine Art von Liebe schildern, in der
zwei Menschen sich und ihre Seele, einer im anderen,
wechselseitig wiederfinden; nicht um „Projektionen"
geht es, sondern um eine Verschmelzung des Wesens.
Wenn man einen anderen Menschen erlebt wie eine Erscheinung, die einem sagt, wer man wirklich ist, was in
einem schlummert und wozu man fähig ist, wenn man
den anderen braucht, um in ihm noch einmal zur Welt

zu kommen, um noch einmal mit ihm jung zu sein und um durch ihn für immer zu wissen, daß es keinen Tod mehr gibt, wenn man den anderen fühlen, denken und ersehnen muß, um ein Gefühl für sich selbst zu bekommen, um einen verborgenen Sinn im Weg des eigenen Lebens zu erkennen und um die Grenzen der äußeren Welt wie etwas Vorläufiges hinter sich zu lassen, dann steht man in dem Bann dieser schamanischen Magie und Poesie der Liebe, die in den Märchen ihr wohl leidenschaftlichstes und wahrstes Ausdrucksmedium erhalten hat, das auch in die Moderne noch hineinragt und hineinspricht. Der Trommler, 24

Gott heilt

In all den Jahrtausenden der Religionsgeschichte galt „Eros" als ein Dämon oder Gott, der mit den Menschen spielt und sie in willenlose Marionetten seines Komödien- oder Tragödienkabinetts verwandelt; in all den Jahrtausenden galt die *Frau* als Inkarnation der alles gewährenden, alles verschlingenden großen Göttin, die den Mann im Taumel der Sinne verheert und leer zurückläßt. Es hat religionsgeschichtlich des Auftretens des jüdischen Monotheismus bedurft, um die Macht der Liebe als eine Kraft der menschlichen Seele zu erweisen und ihr den Charakter dämonischer Übermächtigkeit zu nehmen. Und ganz entsprechend bedarf es in der Lebensgeschichte jedes einzelnen des unbedingten Glaubens an Gott, um das Gefühl der Ausgeliefertheit und Ohnmacht zu verlieren und die Angst zu bannen, die seit den Tagen Adams und Evas die Beziehung zwischen den Geschlechtern erniedrigt und belastet (Gen 3, 16). Daß Liebe untereinander erst möglich ist, wenn man die elementare Angst voreinander verliert, wenn der andere aufhört, wie ein tötender Dämon oder wie ein zu tötender Versucher zu erscheinen – diese Erfahrung des Tobit-Büchleins verweist auf eine Psychologie der Angst, die einzig und allein von Gott her ihre Auflösung erhalten kann. Tobias braucht das Wort des Gottesengels, und jedes Wort seines Begleiters ist wie eine Bestätigung für das, was dessen Name, dessen Wesen ist: „Gott heilt" – „*nur* Gott allein", muß man hinzusetzen.   Voller Erbarmen rettet er uns, 48 f.

Die Ordnung des Paradieses

Man versteht, wieso Jesus die Ehe neu begründen konnte, indem er auf die Ordnung des Paradieses zurückverwies. Ohne die Verankerung in einem tiefen Vertrauen in die Grundlagen des Daseins, ohne eine gewisse Beruhigung der fundamentalen Daseinsangst durch den Glauben ist, wie sich gezeigt hat, ein menschliches Zusammenleben in Anbetracht der ständigen Zersetzungsarbeit neurotischer Mißverständnisse, Schuldgefühle und Ängste aller Art in der Tat auf Dauer nicht möglich. Die Ehe als eine Gemeinschaft auf Lebenszeit ist strictissimo sensu nur im Glauben, von Gott her, als Sakrament, als Erneuerung einer paradiesischen Ordnung möglich.

Wie indessen diese ursprüngliche Ordnung *inhaltlich* zu verstehen ist, darüber wird man wiederum vor allem durch die Paradieserzählung des Jahwisten selbst belehrt, der, im Gegensatz zu der Mythologie vieler Völker, die Beziehung zwischen Mann und Frau gerade nicht als eine Quelle von Schuld und Strafe verstand, sondern als die eigentliche Erfüllung des menschlichen Daseins zu begreifen suchte. Für den Jahwisten ist die Schöpfung erst gut durch die Liebe zwischen Mann und Frau. Anders als Gott, der von der Geschlechterdifferenz, welche die Mythen dem Göttlichen zuschreiben, in der Bibel ausdrücklich ausgenommen wird, ist der Mensch, wie alle Kreatur, kein absolutes und autarkes Wesen; er bedarf einer Ergänzung, so sehr, daß – im Bild von der herausgeschnittenen Rippe – ihm in seiner Brust das Verlangen nach Liebe und das schmerzhafte Gefühl der Sehnsucht physisch wie der Druck eines Vakuums spürbar wird. Längst ehe die Geliebte ihm entgegentritt, trägt er sie als ein Stück von sich selber in seinem Herzen, und wenn er ihr begegnet, kann er sie anreden mit einem Wort vollkommener Wesensverwandtschaft oder, wie die ägyptische Liebeslyrik und das Hohe Lied es so gern tun, mit den Worten: „Meine Schwester, meine Geliebte"; denn es ist die (der) Geliebte, bei dem man sich von neuem wie zu Hause fühlt. Eine solche Liebe bedeutet das Ende auch der Abhängigkeit von Vater und Mutter, das Ende auch der neurotischen Übertragungen der Vater- und Muttergestalt auf den anderen. Vor allem aber erlaubt es die Liebe, voreinander „nackt" zu sein. Getrennt von Gott, zerbricht die menschliche Gemeinschaft an dem ständigen Schamgefühl, in den Augen des anderen nicht gut genug zu sein; in dem Vertrauen aber, von Gott her berechtigt zu sein, kann man auch einander so gegenübertreten wie man ist: Der Mangel des eigenen Wesens ist für die Liebe keine Schande – sie erfüllt gern, was dem Geliebten fehlt, und ihre größte Freude, ja ihr ganzes Streben geht dahin, das, was dem anderen mangelt, den Hohlraum seines Ichs, durch die eigene Person zu ergänzen und mit allem, was man selber ist, zu schließen.

Psychoanalyse und Moraltheologie, Bd. 2, 105

Im Hintergrund der Liebe

*D*er Partner der Liebe ist daher dem Menschen, wie die Bibel sagt, von seinem ganzen Wesen her eine notwendige Ergänzung, eine „Hilfe" (Gen 2, 18), und das stärkste Motiv der Liebe ist nicht, wie manche Idealromantiker meinen, die Hingabe, das Daseinwollen und das Opfer, sondern der Egoismus der eigenen Erfüllung, das göttliche Naturgesetz der eigenen Ganzheit.

Diese Gesetzmäßigkeit der Liebe ist nicht Gott selbst, aber sie ist der Bibel zufolge *von* Gott; sie ist für den Menschen so wesentlich, daß Gott sich in seiner Schöpfung selber danach richten muß. Er, Gott, ist in sich absolut; *er* bedarf keines Partners, und er kennt keine Einsamkeit. Der Mensch aber wird nur durch dieses Fehlen in seinem Herzen, durch diesen Hohlraum der Sehnsucht, durch diesen Mangel an autarker Absolutheit zum Menschen. Wer immer auf einen anderen trifft, der ihm zur Ergänzung bestimmt ist, wird es so erleben, wie die Bibel es schildert: daß Gott den anderen in den eigenen Lebensweg hineingesandt und „zugeführt" hat (Gen 2, 22), daß hier eine „Bestimmung" und „Fügung" am Werke ist, die er selbst weder geplant noch beeinflußt hat, für die er aber jetzt, wo immer sie sich ereignet, nur dankbar sein kann.

Dies also ist der erste Unterschied zwischen der Bibel und z. B. der griechischen Mythologie. Der Gott der Liebe ist für die Bibel kein spielender Knabe, sondern ein weiser, verständiger Schöpfer, der den Menschen kennt und entsprechend seinen eigentlichen Bedürfnissen handelt. So ist die Liebe *von* Gott. Man kann ihre Göttlichkeit daran erkennen, daß sie sich von innen, aus dem eigenen Fehlen und Bedürfen ergibt, daß sie sich ins eigene Herz, in die Hohlstelle der eigenen Brust fügt. Die Liebe ist für die Bibel daher das wesenhaft „Passende", gerade also nicht eine Art Überfall, nicht ein hinterhältiges Attentat oder eine Schicksalsmacht, die im menschlichen Leben Unfug auf Unfug häuft. Will man die biblische und griechische Auffassung von der Liebe voneinander unterscheiden, so muß man sagen: Die Liebe des griechischen Eros ist psychologisch ein „Komplex", ein unintegriertes Antriebsensemble, eine knabenhafte Heimtücke und Kinderei, die in sich selbst von unbeherrschbarer, göttlicher Allmacht ist; die Liebe demgegenüber, die der Gott der Bibel schafft, ist die Vollendung des Menschen, eine Notwendigkeit seines Wesens, keine fremde Zumutung. Der griechische Eros ist die Verkörperung eines Naturereignisses, die Personifikation einer Macht, die den Menschen letztlich um seine Personalität, um seine Freiheit und um sein Bewußtsein bringt; die Liebe, die der Schöpfungsgeschichte nach von Gott ist, erhebt die Person des Menschen und führt sie zur Einheit ihres Wesens.

An dieser Stelle erhält die entscheidende Wendung in Mk 10: „Was *Gott* gepaart hat" im Kontrast zum Griechischen erstmals einen klarer bestimmbaren Inhalt. Die Liebe bzw. der Geliebte, so lautet der Unterschied, verdient in sich keine göttliche Anbetung; es ist nicht Gott selbst, der hier begegnet; man verliert seine Person in der Liebe nicht an den anderen, man gewinnt sie vielmehr darin; die Liebe ist nicht das Letzte, im Hintergrund der Liebe steht eine absolute Person, der man sich selbst, die ganze Welt und auch den anderen, den man liebt, verdankt. Psychoanalyse und Moraltheologie, Bd. 2, 42 f.

Verbunden mit dem Ursprung unseres Daseins

Was immer wir in unserem Leben von Gott verstehen, werden wir am intensivsten in der Sprache unserer tiefsten Sehnsucht und unserer tiefsten Gefühle verstehen. Kein Gefühl aber lehrt uns, Gott tiefer zu begreifen, als die Empfindung einer Liebe, die unser ganzes Dasein ergreift, ist doch Gott selber die Liebe – ihr Ursprung, ihr Ziel, ihre Hoffnung.

Wenn wir einen Menschen so anreden, daß wir die Tiefe seines Wesens berühren, wenn wir sein Du so aussprechen, daß es seinen Namen möglichst vollständig verdichtet und bezeichnet, so öffnet sich seine Person und wird für uns zu einem Weg, der ins Unendliche hinüberführt. Hinter der Gestalt einer jeden menschlichen Person, eines jeden menschlichen Du, taucht unsichtbar die Person und das ewige Du Gottes auf und ist mit angeredet und mit gegenwärtig; und wann immer wir selber uns so angesprochen fühlen, daß unser eigenes Ich davon umfangen, gemeint und getragen wird, so fühlen wir uns selbst verbunden mit dem Ursprung unseres Daseins, den wir Gott nennen. Wenn wir zu einem anderen Menschen „Du" sagen, so verbindet es uns mit dem Auftrag unseres Lebens; und wenn wir selber uns von einem anderen in unserem eigenen Wesen tief genug angeredet fühlen, so tauchen wir zurück in den Grund unseres Daseins; und am Anfang wie am Ende unseres Lebens ist es Gott, der in jeder Anrede wechselseitiger Liebe zur Sprache kommt.   Das Markusevangelium, 2. Teil, 476 f.

Auf Erden
schon den Himmel ahnen

Ruhiges Reifen

Wirklich erwachsen wird ein Mensch gewiß erst, wenn er beginnt, mit dem Tode zu rechnen. Von diesem Zeitpunkt an ändert sich das Zeitgefühl: die Begrenztheit des Daseins tritt jetzt unaufhaltsam drohend oder tröstlich in Erscheinung, und es ist die erhabenste Kunst und das sicherste Kriterium eines geglückten Lebens, das Altern anzunehmen als ein ruhiges Reifen und Hineinwachsen in Gott. Doch wiederum muß man die Unbegrenztheit des Lebens glauben, um seine irdische Begrenztheit auch im Dahinschwinden der Jugend anzunehmen. Das Altern ist ja nicht nur ein langsames Sterben, ein Schwinden der Kräfte, es ist auch ein immer deutlicheres Sichtbarwerden der Seele im Körper. Spätestens von 40 Jahren an ist ein Mensch für sein Aussehen selber verantwortlich – nicht in kosmetischem, sondern in geistigem Sinne, denn zunehmend schärfer prägt im Alter die Seele, das eigene Wesen, sich in den Zügen und Falten des Gesichtes, der Augen, des Mundes, der Hände, der ganzen Haltung aus.

Fast gnadenlos graben sich jetzt Tugend und Laster, Güte und Bosheit, Adel und Dummheit, Straffheit und Faulheit, Geist und Ungeist in holzschnittartiger Vereinfachung ins Fleisch, als beanspruche die Seele nunmehr, den letzten Rest des Körpers aufzuzehren, ehe nur sie allein zu ihrem Schöpfer zurückkehrt. Jedoch, wenn jedes Reifen nur geschieht vermöge der Liebe, so wollen wir hoffen, daß vor allem das Alter uns gegeben sei als eine Zeit der zärtlichen Erinnerung, des verständnisvollen Ausruhens beieinander und eines nicht endenden Gesprächs geschwisterlicher Freundschaft, die gemeinsam

173

einmündet in Gott, um sich in ihm gemeinsam fortzu-
setzen. Psychoanalyse und Moraltheologie, Bd. 3, 24 f.

Die Liebe ist durch den Tod nicht zu entmutigen

Denn das ganze Geheimnis des Todes liegt darin, daß
man sich mit ihm nur versöhnen kann, wenn man
einen anderen Menschen an seiner Seite unendlich lieb-
gewinnt. Nur in der Liebe erschließt sich die unendliche
Schönheit und die absolute Notwendigkeit der Existenz
eines bestimmten Menschen; nur in der Liebe taucht man
gewissermaßen an den Anfang der Schöpfung zurück und
vollzieht von innen her den Entschluß Gottes nach, der
von Ewigkeit her wollte, daß es diesen Menschen gibt.
Die ewig unbeantwortbare Frage aller Metaphysik:
warum ist etwas und nicht vielmehr nichts, findet allein
durch die Liebe ihre Beruhigung; denn einzig die Liebe
weiß, daß es den anderen geben *muß*, und sie allein macht
vom Grund des Daseins her dankbar gegenüber Gott für
das unermeßliche Geschenk des Lebens. Nur in der Liebe
wird der andere selbst zu jenem Fenster, das die Welt hell
macht und durchsichtig auf Gott hin, und umgekehrt
wird seine Zuneigung zu einem Weg und einer Brücke,
die von dieser Welt hinüberreichen in die Ewigkeit.

Vor allem nämlich schenkt die Liebe das Bewußtsein,
daß es den anderen nicht nur von Ewigkeit her geben
sollte, sondern zugleich auch in Ewigkeit geben muß. Für
den Menschheitsglauben an die Unsterblichkeit des Einzelnen gibt es keine wichtigere Stütze als das Argument
der Freundschaft und der Liebe, besteht die Liebe doch in
nichts anderem als darin, die ganze Welt in ein magisch-
poetisches Symbol zu vergeistigen, das an jedem Ort die

Nähe des anderen symbolisch bezeichnet und in einer ewig zeitlosen Gegenwart heraufbeschwört. Die Erfahrung der alten Schamanenreligionen von der magischen Zwiesprache mit allen Dingen ist uns Heutigen wohl nur noch in den Erfahrungen der Liebe wirklich zugänglich. In der Liebe allein beginnen im träumenden Schein des Mondes die Sterne zu leuchten wie die Augen der Geliebten, nur in ihr dehnt die Nacht sich hin wie ein Gewand; nur für die Augen der Liebe schimmert das Heer der Sterne am Himmel wie ein Band aus Haar und Seide. Und ebenso in der hellen Welt des Tages: gurren die Tauben in der Birke am Haus nicht ganz so, als brächten sie Grüße von der Geliebten, und formt sich die Stirn jener Wolke am Himmel nicht ganz wie ihr liebes Gesicht? Flüstert der Wind nicht ihre Worte im Rauschen der Zweige, während die Blumen am Hang sich selbst vor ihren Füßen neigen und zum Geschenk darbieten? Wenn in der Liebe alles Gegenständliche sich wie notwendig zum Symbol verdichtet, wenn Raum und Zeit in ihr sich aufheben zu einer ständigen beseligenden Gegenwart der Geliebten, – jede Zwiesprache ist nur wie das Versprechen einer unerreichbaren Erfüllung, und die Zeit bleibt stehen, während doch alles heranreift, rascher denn je –, wie sollte es da nicht in der Liebe und kraft ihrer Beglaubigung auch objektiv im Absoluten gelten, daß Raum und Zeit insgesamt nur erste Träger, nur Hüllen und Erscheinungsbilder sind des Einzigartigen, Einmaligen und unendlich Kostbaren, das die Person des anderen in ihrem ganzen Sein und Wesen ausmacht und umschließt? Einzig die Liebe ist fähig, den Raum und die Zeit zu vergeistigen, denn nur sie erfüllt und erfühlt die geistige Gestalt des anderen, die nicht in Zeit und Raum, im Spiel der Zufälle und der von außen her verfügten Ursachen begründbar und verstehbar ist.

Eben deshalb ist die Liebe durch den Tod nicht zu entmutigen. Wo die äußeren Sinne nichts anderes wahrnehmen können als das grausame Werk der Zerstörung des Liebsten und des Schönsten auf Erden, erkennen die Augen der Liebe ein bloßes Abstreifen der Hüllen, ein Hervortreten der eigentlichen, unverfälschten Lichtgestalt der Seele, ein Hinübergehen in die Gegenwart der Ewigkeit. Ohne einen solchen Glauben an die Unsterblichkeit der Geliebten wäre die Liebe nichtig und der Tod allmächtig; aber die Verwandlung der Sinne, zu welcher die Liebe das ganze Leben erzieht, wird vom Tod eher bestätigt als widerlegt: wesentlich ist allein das Innere, – das Äußere vergeht; das Allerinnerlichste aber, die Sprache des Herzens, die Berührung der Seelen, ist in sich selbst Beweis, Verheißung und Erfüllung einer Seligkeit, die von Gott selber ist und nie vergeht.

Darum gibt es eine menschenwürdige und sinnvolle Antwort auf das Sterben nur durch das Vertrauen der Liebe in die Unsterblichkeit des Lebens. Kaum eine Information ist erschreckender, als daß in unserer Gesellschaft nur noch etwa 40 % der Bevölkerung an ein persönliches Leben jenseits des Todes glauben (...). Aber es scheint, als sei die personale Substanz, die geistige Konsistenz des Individuellen derart ausgezehrt, daß sich im Bewußtsein zunehmend die Lebenswirklichkeit der Großstädte ausbreitet: die graue Anonymität, die mechanisierte Sinnlosigkeit, die fast zwanghafte Reduktion des Lebens auf Konsum, Verwertbarkeit und scheinrationale Planbarkeit, und parallel dazu ein Tod, der so belanglos ist, wie man gelebt hat: ein statistisches Kommen und Gehen ohne Sinn und Bedeutung.

Psychoanalyse und Moraltheologie, Bd. 3, 15–19

Begabt mit der Kraft zur Ewigkeit

Gewiß, in Anbetracht des Kosmos, als reine Gebilde der Materie, sind wir winzige Wesen, ist unsere Erde nur ein Staubkorn und ist selbst unsere Sonne nur so groß wie eine Erbse; schon rein zeitlich ist unser Dasein, gemessen an den Dimensionen des Kosmos, weniger als das Leben einer Eintagsfliege. Aber sollte man Gott, der die riesigen Räume erschuf, der die Hunderte von Milliarden Sonnen zu einer einzigen Milchstraße formte und aus Hunderten von Milliarden Galaxien das Weltall bildete, nicht auch zutrauen, daß er die winzigen Samenkörner des Geistes – fähig, ihn anzuschauen mit Augen, die ihm gleichen, begierig, sich zurückzusehnen nach ihm als ihrem Ursprung, – *einsammeln* möchte aus den Tiefen des Alls und sie zurückführen möchte zu unserer ewigen Heimat? Sollte man denken, daß Gott dem Menschen den Verstand nur gegeben hätte, um daran verrückt zu werden, weil die Natur keine *einzige* Frage beantwortet, die wirklich menschlich ist? Wir Menschen tragen wesensnotwendig die Sehnsucht nach Unendlichkeit in uns; wir verzehren uns aus Durst nach Unsterblichkeit; und wir müssen schon sehr weit in der Verzweiflung abgestumpft sein, um solche Gefühle gar nicht mehr zu kennen. Ja, wir müßten unsere Seele schon sehr stranguliert haben, um uns in den Kategorien des Endlichen zur Ruhe zu setzen und den seelischen Erstickungstod des Alltags beinahe wie eine Erleichterung von allen wesentlichen Fragen zu begrüßen. Nein, für jemanden, der in der Wüste verdurstet, ist der Durst ein *Beweis*, daß es Wasser geben muß, selbst wenn an dem Ort, da er lebt, weit und breit kein Wasser zu finden ist. Daß es Durst gibt, zeigt unwiderleglich, daß es Wasser gibt, denn ohne das Wasser gäbe es keinen Durst. Und so ganz analog: Daß wir Menschen an Gott denken können, zeigt, daß es ihn gibt, denn sonst würde in unseren Kopf ein solcher Gedanke gar nicht hineinkommen können; und schon weil wir uns nach der Unendlichkeit sehnen, zeigt dies, daß wir aus dem Unendlichen kommen und in das Unendliche gehen.

Wie denn, man sollte leben mit einem Menschen an der Seite, der begabt ist mit der Kraft der Ewigkeit? Der Mensch neben uns wäre berufen, ein ewiges Leben in sich zu tragen? Dann zerbräche all das, worauf sich für gewöhnlich unsere „Ordnung" gründet, z. B. das so selbstgewisse Einteilungsverfahren: du gehörst zu mir, du gehörst zu jenem; du bist mein Besitz, ich bin dein Besitz, – dies alles womöglich gerechtfertigt noch unter dem Vorzeichen der Liebe, gefordert sogar unter dem Stichwort der Ehe. Als ob man mit Menschen so umgehen könnte, wie wenn sie Besitzstücke, Prunkstücke, Anstecknadeln, Trophäen, Skalps, je wie es beliebt, wären! In dieser Weise verbriefter Besitzrechte weiterleben – *das* freilich kann man nicht mehr, wenn es die Ewigkeit gibt. Man kann die Würde, die Größe, die unendliche Kraft der Freiheit eines jeden Menschen an unserer Seite nicht mehr verleugnen und nicht mehr schänden, wenn es die Ewigkeit gibt. Niemand ist dann mehr befugt, sich hinzustellen und zu sagen: meine Frau, mein Kind, mein Hund, mein Haus, mein Baum, mein Auto, mein alles. Nichts gehört im Schatten der Ewigkeit letztlich uns selber, sondern wir alle miteinander gehören einzig zu Gott. Die allein wichtige Frage, wenn es so steht, lautet dann, wie wir das Glück des Himmels ein Stück weit hier auf Erden vorweg lernen können. Befähigt sind wir, in dem anderen, in unserem Bruder, in unserer Schwester, einen

Menschen zu sehen, der zwar im Augenblick noch auf der Erde wohnt, doch dessen Stirn bereits den Himmel berührt; in seiner Sprache weht der Atemwind des Ewigen, in seinen Augen schimmert eine Seele, die berufen ist, zu Gott zurückzukehren. Nur scheinbar leben wir als Körperwesen wirklich. Die körperliche Existenz ist nur die erste Form, Geist zu ermöglichen; sie ist der Anfang der Ewigkeit, der Beginn der Unendlichkeit, eine Hülle, die eines Tages ihren Wert verliert, wie der Kokon für eine Raupe, die zum Schmetterling geworden ist. Und wenn auch in der Ewigkeit der Unterschied zwischen der Seele einer Frau und der Seele eines Mannes wohl nicht gänzlich aufhören wird, so könnten und sollten wir doch heute schon damit aufhören, unter dem Firmenschild der Liebe einander mit Besitzansprüchen zu drangsalieren und einander durch die Tyrannei der Angst zu vergewaltigen. Die einzige Frage, die sich uns *wesentlich* stellt, besteht darin, wie wir es vermögen, würdig dem Himmel entgegenzureifen.

Eine jede Liebe aber, die den anderen in der Schönheit seines Wesens entdeckt, die warm genug ist, seine Kräfte auf Gott hin zu entfalten und sein Herz weit genug zu machen, um Gott in sich aufzunehmen, eine solche Liebe kann nur denken, daß der andere unsterblich ist. Sie selbst ist das sprechendste Zeugnis von Gottes ewiger Güte. Sie selbst ist wie ein Weg zurück zu jenem Schöpfungsmorgen, als Gott sprach: Es werde Licht. – Und es ist wie ein ewiges Wort, das wir einer für den anderen sprechen, bis wir im Himmel uns wiedersehen: „Im Glanz der Sonne *werde* dein Name, *reife* dein Wesen; kehre zurück aus dem Schweigen der Räume des Alls nach den wenigen Jahren des irdischen Daseins, zurück in die ewige Heimat dessen, der dich erschuf. Er, der von

Ewigkeit her an dich dachte, wird in Ewigkeit niemals deiner vergessen." Das Markusevangelium, 2. Teil, 278–283

Dem Tod entgegengehen

Was geschieht, wenn ein Mensch, den wir liebhaben, stirbt? Wir werden diesen Vorgang niemals wirklich begreifen, durch den die innigsten Bande der Freundschaft jäh und unwiderruflich durchschnitten werden können – vor den eigenen Augen sinkt ein Mensch in sich zusammen, den wir auf Händen hätten durchs Leben tragen mögen; mitten im Gespräch erstirbt sein Wort auf den Lippen, Starre und Kälte treten an die Stelle der anmutigsten Schönheit und des seelenvollsten Ausdrucks. Medizinisch erklärbar, entzieht sich der Tod menschlich jedem Verständnis; allenfalls lassen sich einige Bedingungen formulieren, unter denen der Tod als Teil des Lebens akzeptabel scheint, und es sind dies offenbar die gleichen Voraussetzungen, unter denen das Leben selber menschlich seinen Sinn erhält. Ja, recht besehen, ist der Tod wie ein Schlußstein, wie eine Zusammenfassung all der Regeln, nach denen mitten im Leben die Liebe sich entfaltet.

Man könnte, etwa nach buddhistischer Lehre, geneigt sein, der Liebe abzuschwören, um der Trauer der Vergänglichkeit zuvorzukommen. Wer nichts liebhat, den wird kein Leid ereilen angesichts des Todes. Eine solche Lehre klingt weise, aber sie beraubt das Leben seines Sinns, seines Gefüges, seines Zusammenhaltes. Wohl gehört zur Liebe auch die Traurigkeit irdischen Abschieds, und doch ist sie es allein, die eine Antwort auf das Rätsel des Sterbens zu geben vermag.

Als erstes nämlich vermittelt die Liebe eine Antwort auf den Tod bereits durch die Erfahrung von dem sonderbaren Zeremoniell der Zeit, dem alles unterworfen ist und das einen eigentümlichen Gehorsam verlangt. Es geschieht genau nach Ablauf eines Jahres, daß der „Kleine Prinz" sich auf den Tod vorbereitet. Der Zyklus der Zeit ist unerbittlich; er fordert, daß die jeweiligen Ereignisse sich einstellen, wenn der Augenblick dafür reif ist, und wie der Zeitpunkt des Sonnenuntergangs feststeht, so auch der Moment des Todes. Es kommt daher nicht darauf an, dem Tod zu entfliehen, sondern den Zeitpunkt zu kennen, da der Tod wartet, und ihm trotz aller Angst gehorsam entgegenzugehen. Erst so verliert der Tod seinen kreatürlichen Schrecken. Die Schlange, deren Gift tötet, ist in gewisser Weise auch ein naturhaftes Symbol der Erneuerung und des Neuanfangs – ein Kreis, der sich schließt zwischen Anfang und Ende; und nur im Gedanken an diesen Kreislauf der Zeit fügt die Vergänglichkeit jedes Einzelnen sich in den Sinn und den Ablauf des Ganzen. Der Zyklus der Natur kennt den Tod nicht – er wechselt nur die Träger und Akteure aus, die an den einzelnen Knotenpunkten des Zeitkreises stehen.

Das Eigentliche ist unsichtbar, 55 f.

Als wollten sich die Tore jetzt schon öffnen

*E*s gibt so unendlich viel an einem Menschen, den man liebhat, zu entdecken, was nur mit den Augen der Liebe wahrzunehmen ist, und diese ehrfürchtige Dankbarkeit für das Dasein der Geliebten verwandelt jeden Augenblick ihrer Nähe in einen Tempel der Andacht und des Gebetes. Nicht „Aufgaben" „schweißen" Men-

181

schen „zusammen", sondern was sie auf ewig miteinander verbindet, das ist dieser Gleichklang der Seele, diese bebende Welle des Glücks, diese zitternde Woge der Freude, die sie mit unwiderstehlicher Kraft gemeinsam emporträgt zum Himmel. Man muß kein „Schiff" zimmern wollen und keinen „Tempel" errichten, um den Wert eines Menschen zu begründen, sondern umgekehrt: man betritt die Seele der Geliebten wie ein Heiligtum, da man Gott nahe ist; man spürt in ihrer Zuneigung, wie warm das Licht der Gottheit die hohen Fenster durchflutet, und es ist, als wollten die Tore jetzt schon sich öffnen zu den Gestaden der Ewigkeit – als läge, wie im Glauben der *Ägypter*, die Sonnenbarke am Ufer schon bereit und man brauchte sich nur noch auf den Fluten der Liebe hinübertragen zu lassen in jene Welt, die wir die „andere", die „jenseitige" nennen, weil in ihr jenseits von Raum und Zeit die Herzen der Liebenden miteinander auf immer verschmelzen, und, anders als hier, für ewig vereint, für ewig verschwistert sein dürfen – und müssen.

Das Eigentliche ist unsichtbar, 119

Das Geheimnis der Heiligen Nacht

Wenn irgend Menschen Frieden finden können, dann in dem, was im Bild von „Bethlehem" beginnt. Seit dieser „Nacht", da Gott ein Mensch geworden ist, können wir davon lassen, wie Gott sein zu müssen. Kein Mensch kommt ja auf diese Welt ohne die Frage, wie weit er in der Liebe eines anderen geborgen ist und sein kann, und erst wenn diese Frage sich beruhigt, wird er es wagen, mit seiner eigenen Person ins Leben zu treten. Eben deswegen betrachten wir das Geheimnis der

182

Heiligen Nacht als den Anfang unserer Erlösung: Denn seit den Tagen Adams ist es keinem Menschen selbstverständlich, auf dieser Welt erwünscht, gemocht, geliebt zu sein – er selbst mit seinem kleinen, armen Leben ein Geschenk an diese Welt! Wo aber nicht mehr feststeht, daß es uns geben *darf*, da werden wir versuchen nachzuweisen, daß es uns geben *muß*, und je mehr in der Folgezeit von Muß und Soll die Rede ist, wird das Gefühl tagtäglich wachsen, das ganze Leben sei wie eine Last, wie eine Pflicht, die wir in unserem Dasein abzutragen hätten. Allein das „Kind" von „Bethlehem" wird sagen, es sei bereit und willens, eine Bürde zu vergeben, die süß und leicht zu tragen sei (Mt 11,30). Ohne ein solches Angebot der Änderung von allem werden wir dem Klima der Gnadenlosigkeit niemals entrinnen. Fragt man die Menschen und sich selbst einmal, *warum* wir eigentlich leben, werden fast immer, nachdem die oberflächlichen Auskünfte von Vergnügung und Amüsement beiseite geräumt sind, solche niederdrückenden Antworten übrigbleiben, daß man lebt aus Angst vor dem Tod oder aus Verantwortung für die Schwäche anderer. Ein verfluchtes Leben, wenn es dabei bliebe, geboren ins Unglück und Unglück gebärend; daß aber dieser Kreislauf des Unheils ein Ende finden kann, dafür steht das Geheimnis der Heiligen Nacht.

Dein Name ist wie der Geschmack des Lebens, 102

Auf Erden schon den Himmel ahnen

Was sollte uns der Ausblick, die Verheißung eines Himmels, wenn nicht auf Erden selber schon die Freundschaft und die Liebe unvergänglich wären und durch sich selbst befähigt, das Unvergängliche, das Ewig-

Gültige im Leben eines anderen geliebten Menschen wahrzunehmen? Wenn ein Mensch stirbt, meinten die alten Ägypter, erhebt sich seine Seele wie ein Vogel zum Himmel, um dort mit dem Licht der Sonne und der Sterne zu verschmelzen. Einzig die Liebe hat die Kraft, schon hier auf Erden die Seele eines Menschen so zu sehen, als etwas, das sich sehnt nach seiner ewigen Heimat, mit Schwingen aus Sternenlicht und dem Goldglanz der Sonne. Nur die Liebe ist ein solches Stück vom Himmel, nur sie sieht mit den Augen Gottes. Die Theologen brauchten keine „bessere" Psychologie zu ersinnen als die Psychoanalytiker; aber sie könnten ihrerseits, wenn sie bescheiden und lernbereit genug sind, die Ärzte der Seele lehren, vom Menschen noch tiefer zu träumen und noch erhabener zu denken, als es „empirisch" möglich scheint. Schließlich wird es einzig dieser würdigere Traum der Religion vom Menschen sein, der uns auf Erden schon den Himmel ahnen und uns das irdisch Schönste als das einzig Unvergängliche erkennen läßt: die Liebe (1 Kor 13, 13). *Psychoanalyse der Moraltheologie, Bd. 2, 15 f.*

Wir werden uns wiedersehen

Es ist vor allem die entscheidende Hoffnung der Liebe, daß wir einander wiedersehen, von der her der Glaube an die Unsterblichkeit sich bestimmt. So wie auf Erden bereits alle Dinge der Welt sich wandeln zu einem Symbol für die Schönheit und Nähe eines Menschen, den wir herzlich lieben, so verdichtet es sich der Liebe zur Gewißheit, daß umgekehrt die Seele des anderen alle Dinge zu bedeuten und in sich zu schließen vermag, indem sie selber schon auf Erden wie ein Fenster ins Unendliche gewesen ist. Ein Mensch, den man von ganzem Herzen liebhat, zieht sich im Tode nicht, wie EXUPÉRY es im „Kleinen Prinzen" den Worten nach schildert, in eine unzugängliche und unwirkliche Sphäre jenseits der menschlichen Erfahrung zurück wie ein Licht, das in allen Dingen aufscheint, ohne selbst mehr eine einheitliche Lichtquelle zu bilden, sondern es bleibt die Hoffnung und Erwartung der Liebe, daß wir nach kurzer Zeit der Trennung jenseits der Zeit wieder zueinander finden. Auf einem *Ägyptischen* Amulett aus dem Grabe Tut-anch-Amuns (des „lebenden Bildes des Gottes Amun") heißt es in diesem Sinne unübertrefflich schön als Wunsch der Gattin Anches-en-Amun („sie lebt für Amun"): „Ich habe dich geliebt, großer Tut-anch-Amun, und meine Trauer, daß du gehst, ist groß. Aber vergiß, daß die Zeit Zeit ist; denn nach der Zeit sehen wir uns wieder." – Ohne diese absolute Hoffnung auf Ewigkeit und Unsterblichkeit erstürbe in der Tat die Liebe vor der Zeit. Zu Recht konnte J. v. EICHENDORFF deshalb den Tod weniger schlimm finden, als daß Menschen, die sich lieben, auf Erden willkürlich auseinandergerissen werden, wenn er meinte:

> „*Trennung* ist wohl Tod zu nennen,
> Denn wer weiß, wohin wir gehn, –
> *Tod* ist nur ein kurzes Trennen
> Auf ein baldig Wiedersehn."

Selbst der Tod kann die Liebenden nicht voneinander scheiden; hingegen die Zerstörung der Liebe wäre schlimmer als der Tod. Alles hängt mithin davon ab, die Liebe und die Freundschaft selbst mit ihren Hoffnungen und Wünschen für einen Beweis der Wahrheit zu nehmen: das Leben des Geliebten ist unsterblich, und: wir werden uns wiedersehen. Das Eigentliche ist unsichtbar, 63 f.

Verzeichnis der Quellen

Eugen Drewermann: Dein Name ist wie der Geschmack des Lebens. Tiefenpsychologische Deutung der Kindheitsgeschichte nach dem Lukasevangelium. Verlag Herder, Freiburg i. Br., 3. Aufl. 1990.

Ders: Das Eigentliche ist unsichtbar. Eine tiefenpsychologische Deutung des Kleinen Prinzen. Herder / Spektrum 4068, Verlag Herder, Freiburg i. Br., 2. Aufl. 1992.

Ders: Ich steige hinab in die Barke der Sonne. Meditationen zu Tod und Auferstehung. Verlag Walter, Olten – Freiburg i. Br., 3. Aufl. 1990.

Ders: Kleriker, Psychogramm eines Ideals. Verlag Walter, Olten – Freiburg i. Br., 5. Aufl. 1990.

Ders: Die kluge Else / Rapunzel. Grimms Märchen tiefenpsychologisch gedeutet. Walter Verlag, Olten – Freiburg i. Br., 4. Aufl. 1990.

Ders: Das Markusevangelium. Bilder von Erlösung, Teil 1, Walter Verlag, Olten – Freiburg i. Br., 4. Aufl. 1989; Teil 2, ebd., 3. Aufl. 1990.

Ders: Psychoanalyse und Moraltheologie. Bd. 1: Angst und Schuld, Matthias Grünewald Verlag, Mainz, 10. Aufl. 1991; Bd. 2: Wege und Umwege der Liebe, ebd., 8. Aufl. 1991. Bd. 3: An den Grenzen des Lebens, ebd., 4. Aufl. 1990.

Ders: Die Spirale der Angst. Der Krieg und das Christentum. Mit vier Reden gegen den Krieg am Golf. Herder / Spektrum 4003, Verlag Herder Freiburg i. Br., 3. Aufl. 1992 (Lizenzausgabe von: Der Krieg und das Christentum © Verlag Pustet, Regensburg, 2. Aufl. 1984).

Ders: Der tödliche Fortschritt. Von der Zerstörung der Erde und des Menschen im Erbe des Christentums. Herder / Spektrum 4032, Verlag Herder, Freiburg i. Br., 2. Aufl. 1992 (© Verlag Pustet, Regensburg, 6. Aufl. 1990).

Ders: Der Trommler. Grimms Märchen tiefenpsychologisch gedeutet. Verlag Walter, Olten – Freiburg i. Br., 3. Aufl. 1990.

Ders: Was uns Zukunft gibt. Reichtum des Lebens. Hrsg. von Andreas Heller. Walter Verlag, Olten – Freiburg i. Br. 1991.

Ders: Wege in ein unentdecktes Land, in: Lebenskraft Angst. Wandlung und Befreiung. Hrsg. von Rudolf Walter. Verlag Herder, Freiburg i. Br. 1987.

Ders. / Ingritt Neuhaus, Voller Erbarmen rettet er uns. Die Tobit-Legende tiefenpsychologisch gedeutet. Verlag Herder, Freiburg i. Br., 5. Aufl. 1990.

Lust am Lesen

Lew Tolstoj
Zeiten des Erwachens
Mit einem Nachwort herausgegeben von Axel Dornemann
Band 4017

Prosa wie Paukenschläge von einem atemberaubend modernen Kenner der menschlichen Seele. Eine Art „Tolstoj-Bibel".

José Luis Sampedro
Das etruskische Lächeln
Roman
Band 4022

Erst wenn man wirklich gelebt hat, überdauert das Lächeln auch den Tod. „Eine lesenswerte zeitgemäße Familiensaga!" (Münchner Merkur).

Marie Luise Kaschnitz
Zeiten des Lebens
Herausgegeben und eingeleitet von Ulrike Suhr
Band 4029

„Zum Wiederentdecken und Sicheinlassen auf die leisen unaufdringlichen Töne" (Buch-Journal).

Antoine de Saint-Exupéry
Man sieht nur mit dem Herzen gut
Band 4039

Texte, in denen sich die unsentimentale und daher um so echtere Liebe Saint-Exupérys zum Menschen offenbart.

Mircea Eliade
Hochzeit im Himmel
Roman
Band 4056

„Ich träumte von einem Liebesroman, der ganz anders sein sollte als alles, was bis dahin geschrieben worden war" (Mircea Eliade).

HERDER / SPEKTRUM

Leonid Borodin
Die dritte Wahrheit
Roman
Band 4061

Die dritte Wahrheit ist die Wahrheit der Natur, des einfachen Menschen. Eine Geschichte voll psychologischer Kraft.

Dalai Lama
Zeiten des Friedens
Herausgegeben und eingeleitet von Erhard Maier
Band 4065

Ein großer geistiger Führer unserer Zeit gibt der Sehnsucht nach Frieden wichtige spirituelle Impulse.

Eugen Drewermann
Das Eigentliche ist unsichtbar
Der Kleine Prinz tiefenpsychologisch gedeutet
Band 4068

Ist es der ewige Traum verlorener Kindheit, der Saint-Exupérys „kleinen Prinzen" so faszinierend macht?

Elie Wiesel
Der fünfte Sohn
Roman
Band 4069

Die Geschichte des Juden Reuven Tamiroff, der 30 Jahre lang fälschlich glaubte, den Mörder seines Sohnes gerächt zu haben.

Antoine de Saint-Exupéry
Briefe an Rinette
Poesie einer Liebe
Band 4076

Vom Charme eines Gefühls, das das Leben verzaubert, erzählen die Briefe des jungen Antoine. Wundervoll als Geschenk.

HERDER / SPEKTRUM

Die Erde ist uns heilig
Die Reden des Chief Seattle und anderer indianischer Häuptlinge
Herausgegeben von Rudolf Kaiser
Band 4079

Beschwörend, prophetisch, poetisch: Die Überlebensweisheit einer großen
alten Kultur.

C. S. Lewis
Dienstanweisung an einen Unterteufel
Mit Illustrationen von H. E. Köhler
Band 4096

Verblüffende Einblicke in die menschliche Seele. Ein höllisches Vergnügen,
geradezu „teuflisch" gut.

Käthe Kollwitz
Aus meinem Leben
Ein Testament des Herzens
Mit einer Einführung von Hans Kollwitz
Band 4105

Geschrieben mit weiblichem Instinkt und tiefer Empfindsamkeit. „Ein
Testament der Menschlichkeit" (Saturday Review).

Thomas Merton
Zeiten der Stille
Herausgegeben und eingeleitet von Bernardin Schellenberger
Band 4107

Auf das ursprüngliche Sprechen des Schweigens wieder zu hören – dazu
leitet dieses Buch an.

Eugen Drewermann
Dein Name ist wie der Geschmack des Lebens
Tiefenpsychologische Deutung der Kindheitsgeschichte nach dem
Lukasevangelium
Band 4113

Die geheimnisvolle Botschaft von der Ankunft Gottes in der Welt wird in
dieser poetischen Meditation der Liebe lebendig.

HERDER / SPEKTRUM

J. F. Powers
Ein Zweig in frischem Triebe
Roman
Band 4124

Joe Hackett, Sohn eines Kohlegroßhändlers, trägt sich schon früh mit dem Gedanken, entweder Priester oder ein erfolgreicher Geschäftsmann zu werden... Voll hintergründigem Witz und schwarzem Humor.

Li Ping
Zur Stunde des verblassenden Abendrots
Roman
Band 4140

Die poetisch erzählte Geschichte einer großen Liebe, zugleich das erregende Dokument des geistigen Umbruchs im modernen China.

Rudolf Kaiser
Indianischer Sonnengesang
Die Weisheit der Erde in der Spiritualität der Indianer
Band 4143

Die schönsten Zeugnisse indianischer Spiritualität: bewegende Dokumente einer tiefen Verbundenheit von Mensch und Natur.

Albert Einstein
Zeiten des Staunens
Herausgegeben von Harald Schützeichel
Band 4153

Geniale Gedanken zu Frieden und Freiheit, zu Religion und Naturwissenschaft, zu Erziehung und Freundschaft, zu den drängenden Aufgaben einer zusammenwachsenden Welt.

Elie Wiesel
Gezeiten des Schweigens
Roman
Band 4154

Michael ist ein Entkommener, einer, der den Wahnsinn des Krieges hinter sich hat. Er reist zurück in die Stadt seiner Deportation...

HERDER / SPEKTRUM